了解运动的真谛

liaojieyundong dezhendi

魏星 编著

中国出版集团
现代出版社

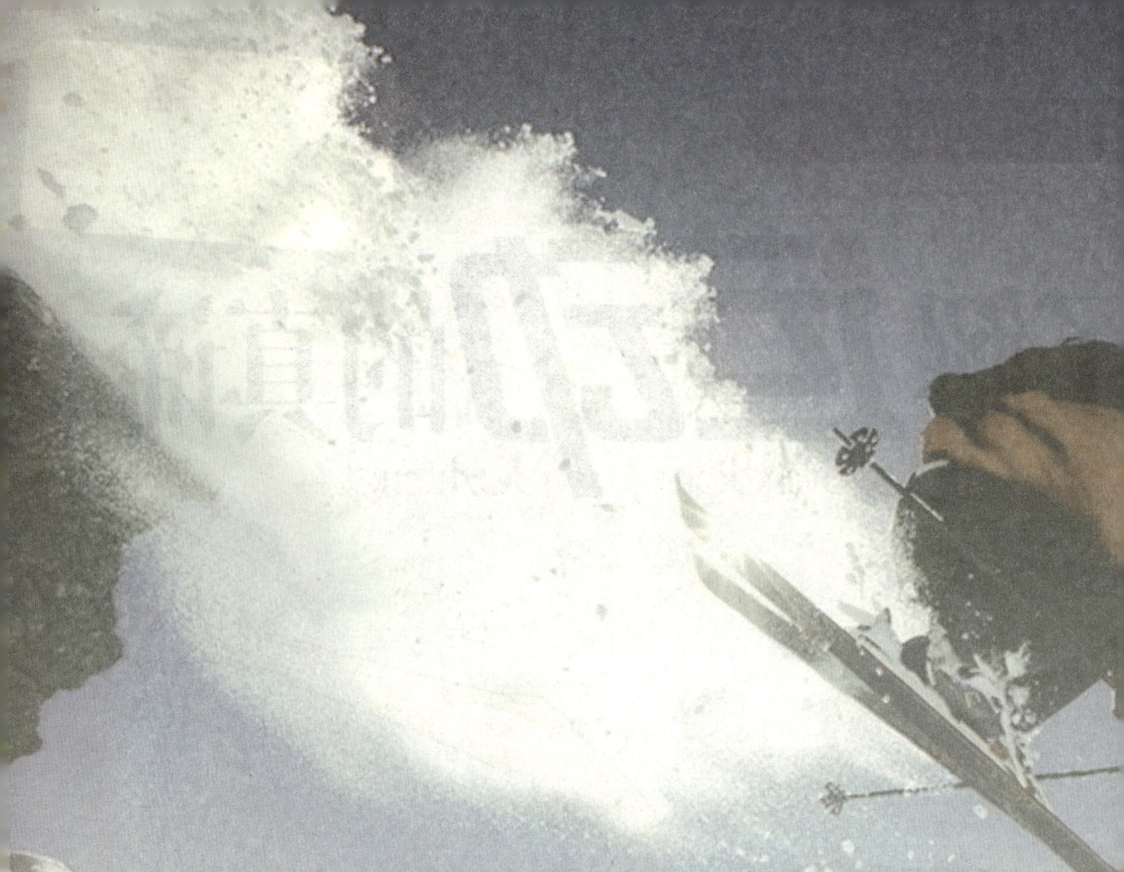

目录

目录

● 中国古代的运动会与运动项目

在中国古代，运动与生活的联系十分紧密，射箭、蹴鞠、马球等都是在民间落地生根，不断发展，逐渐成为节俗的一部分的。那么古代到底流行哪些体育运动呢？

中国古代的运动项目简介 〉

每当看见赛场上运动员顽强拼搏的身影，你是否有冲动开始自己的运动生活？在这么多的运动项目中，哪一项更适合你？

一般来说，每周参加体育运动不少于3次，每次30分钟以上并达到一定强度的才能被称为"体育人口"。按照这个标准，你是"体育人口"吗？算一算，你有多久没有运动了？

通过奥运比赛，我们惊叹地发现，运动员的竞技生涯可以延伸得很长很长。运动员60多岁依然可以凭着老到的经验在马术比赛中获胜，50岁可以如栾菊杰一样击剑，40岁可以像托雷斯一样劈波斩浪，30多岁还可以像萨乌丁一样跳水、像张宁一样打羽毛球……如果你足够热爱体育，你可以在奥运赛场上坚持到老。对于我们普通人来说，参加奥运会比赛也许只是个梦想，但体育运动却可以伴随我们一生。

人口不足300万的加勒比海国家牙买加，以热爱体育运动闻名。据介绍，在牙买加，任何一个小孩子长到4岁，只要身体健康，就得开始奔跑并一直奔跑，他们最喜欢的运动就是奔跑。"飞人"博尔特就是12岁那年在学校的一次运动会中被教练发现的。

我们之所以公认田径、游泳更能代表一个国家的体育实力，并不是说它有更高的含金量，主要还是因为这些项目体现了人类最基本的运动能力；而足球、篮球之所以有更大的影响力，是因为它们的参与性更强，在世界上拥有更广泛的群众基础。而中国之所以还不能算是真正的体育强国，恰恰是因为在这两类项目中的实力还有待提高，而这两类项目实力的提高，恰恰都需要你我的广泛参与，需要有一个宽广的基础。

中国古代的运动会与运动项目 〉

在中国古代的词汇中，并没有"体育"这个词。但中国自古就是一个崇尚运动的国度。据考古发现，我国弓箭的应用可以追溯到3万年前的旧石器时代，射箭更是古代人们在生产、生活中一项不可缺少的技能，周代时被列为六艺教育的重要内容。而从敦煌保存的各种资料来看，至少有20种体育运动在宋元之前已成为中国人的常规活动。这些体育运动包括射箭、摔跤、相扑、体操、健美、举重、游泳等，其中许多项目与现代体育运动都有着直接的渊源关系。更为重要的是，这些项目以娱乐和民间竞技的成分为主，是中华民族大家庭成员在四季更迭中、在春耕秋收间的自娱自乐。现代社会，我们需要职业运动员为我们奉献精彩的比赛，但运动并不是那些人的专利，我们同样也需要通过体育运动娱乐强身。

运动不仅可以锻炼人的体魄，更能够带给人活力、激情，以及永不言败、勇往直前的精神。一个热爱运动的人肯定也是一个热爱生活的人。愿更多的人爱上体育运动，使它成为我们每个人生活中不可或缺的一部分。

现代马球的近亲——捶丸 〉

捶丸就是打球。古代是以木为丸，以杖击之。这是中国古代众多的球戏之一。在旷地上画一个球基，距离球基数十步至百步挖一定数目的球窝，用下端弯曲的木棒从球基处击木球入窝。唐代打球分为骑打和步打两种。骑打是现代马球的前身。马球运动从汉代一直到隋唐有很大的发展，特别是在唐代曾经风行一时，还出现了专门的马球场。步打又分为直接对抗和间接对抗。间接对抗在宋、元两代逐渐发展为捶丸。元代宁志斋著有《丸经》，"捶丸"一词由此而来。捶丸在明代仍有流行，到清代，捶丸急剧衰落乃至绝迹。元世祖至元十九年（1282年），一个署名宁志斋的老人写的一本书叫作《丸经》，他记述捶丸最早在宋徽宗的时候就出现了，在宋元时曾经大盛。关于它的形象资料，早期的时候见得不多，但是很典型的一幅资料是山西洪洞水神庙的《捶丸图》，把击球者的动态、球窝、球杖还有整个地形描写得比较形象，这是我国历史上最早的一幅《捶丸图》。到了明代，捶丸在民间比较流行，但是在宫廷当中还是一项高雅的运动，现存故宫博物院的《明宣宗行乐图》，其中表现的就是明宣宗进行捶丸的画面。

• 冰雪运动

冰雪运动在隋唐时期就已经存在了，而且是北方的少数民族首先掌握的。当时，在东北地区的少数民族曾经发明了一种竹马滑冰，人踏在竹马上，手执一根曲棍，向前滑行，这是最早的一种滑冰的方式。在《隋书》里，记载了距今 1400 多年前，大兴安岭的"室韦人"曾经"骑木而行"滑雪，它是脚踏在两个滑板上，进行滑雪。从明代以后，冰上运动更为兴盛，据文献记载，明熹宗五年（1625 年）正月初二，东北建州女真的首领努尔哈赤，在太子河上举行了一次盛大的冰上运动会，所进行的第一个项目是冰球，然后又进行花样滑冰表演。当时规定，凡是冠军获得者赏银 20 两（1

两 =0.05 千克），亚军 10 两，这在中国历史上是有文献记载的第一次冰上运动会。到了清代，满族人把他们的一些冰上活动带入更广泛的地方。当时规定：每年从全国各地选拔近千名"善走冰"的人，入宫进行训练，每年从冬至到三九在太液池，就是现在的北海和中南海进行训练、表演。当时的画家金昆、程志道曾为这个壮观场面作了一幅《冰嬉图》，从《冰嬉图》中我们可以看到，当时表演有花样滑冰的金鸡独立、哪咤闹海等，还有杂技表演的弄幡、爬竿等，另外有军事训练冰上射箭，还有一种冰上踢足球，这都是当时滑冰表演的项目。

• 田径运动

　　走、掷、逾高、绝远等经常见之于古代文献当中，在整个中国古代体育史上占有很重要的地位。中国古代体育史上，留下了许多动人的故事，譬如"夸父逐日""逾高绝远"等。从汉代开始，由于长跑得到人们的重视，到了后来就发展出一种专业的比赛。到了元代，出现了一种长跑比赛叫"贵由赤"，"贵由赤"是蒙古语，就是快行者的意思。当时"贵由赤"比赛是这么一种方式：在元大都，就是今北京一个点，元上都，就是内蒙古一个点，这个距离约为90千米，赛跑是两个地点同时进行，穿越这段距离，先到者为胜。

　　除了跑，跳，投掷也是田径运动的重要内容，在战国兵书，像《六韬》《吴子》等兵书里边，都有选择善投掷、善跳跃的兵组成特殊兵种进行训练，这一项训练方式，促进了田径运动中跑以及投掷、跳跃的发展。南北朝时期，民间曾经流行着一种跳跃运动，叫作"赌跳"，也就是跳高比赛，当时刘宋皇帝也鼓励大臣、军队进行跳高比赛，这对整个军队、对民间跳跃比赛的发展起了很大的推动作用。除了跑和跳以外，投也是田径的一项重要的内容。在战国时期，秦军为了统一全国，曾经在部队当中提倡一种"投石超距"的训练方式，让士兵练习臂力，这样增强了军队以及士兵的素质，提高了战斗能力。从汉代一直到唐代，军队对于有投掷技能者都是"具禄封进"，进行嘉奖。到了明清时期，由于投的发展，出现了多种方式，包括工具都有改进，像蒙古族使用的一种投掷用的"布鲁"，它以投远、投准为主。

• 弄潮

弄潮在东周时期，成为提倡水战、舟战的南方各国训练士兵的一项重要内容。秦汉以后，游泳运动得到了进一步推广。到南北朝时期，游泳运动在全国各地普及，北方地区以及西北地区都游泳，敦煌莫高窟就有一幅很典型的画面，这个画面是敦煌257窟里的一幅《弄潮游泳图》，从画面上四人游泳的姿势来看，跟现在的游泳姿势基本一致。当时，南方游泳主要集中在端午节前后举行，在钱塘江，还会有一些比赛。从魏晋南北朝一直到宋朝，整个游泳在南方是比较普及的，特别到了宋代，整个弄潮还是以南方的浙江之潮为主。当时钱塘江之潮，在全国都是有名的，南宋词人辛弃疾，曾经把当时在南方弄潮游泳的壮观景象用一首词来表达"吴儿不怕蛟龙怒，风波平步。看红旗惊飞，跳鱼直上，蹴踏浪

花舞"。

与游泳有关的，还有跳水、泅水。跳水在民间叫"扎猛子"，主要流行于民间。随着游泳技术的改进，跳水的技术也得到了一定的发展。特别是到12世纪的宋代，出现了一种叫作"水秋千"的跳水活动。就是在大海当中的船上竖两根很高的竹竿，竿上扎上秋千，当跳水运动员荡到跟秋千的横梁齐平的时候，突然一个跟斗从秋千上跳入水中。由于这种方式比较惊险，而且高度也比现在高，所以要求运动员不仅要有高超的技艺，同时还要有一定的耐力和勇气。

• 射箭

射箭可谓是中国古代体育项目的鼻祖了。据考古发现，我国弓箭的应用可以追溯到3万年前的旧石器时代。氏族社会瓦解以后，陆续出现了铜质、铁质箭头。射箭在古代是人们生产、生活中一项不可缺少的技能，也是一项体育活动。随着箭头的多样化，射箭的形式发生了很多变化，譬如射箭在周代就被列入当时教育的内容之一，六艺：礼、乐、射、御、书、数，其中射箭就是一项很重要的内容。当时，射箭是一种礼仪，射箭活动要喝酒，还要奏乐，这可以说是我国古代历史上最早的射箭比赛了。当时的孔子、荀子及墨子等，都是射箭爱好者，而且身体力行，鼓励学生射箭。到了战国时期，赵武灵王曾经提倡"胡服骑射"，引入少数民族的射箭技术，同传统的射箭结合起来，把射箭运动推向了一个高潮。到了汉代，射箭运动除了在实践上有了很大的发展，在理论上也得到了进一步的总结，仅《汉书·艺文志》记载的射法，就包括《李将军射法》《魏氏射法》等8种69篇之多。从魏晋南北朝开始一

直到隋唐，射箭活动得到了巨大发展。唐代武则天设立了武举制，在武举制里规定了9项选拔和考核人才的标准，其中5项是射箭，包括长跺、马射、步射、平射和筒射。从唐代到宋代，射箭在民间更为普及，根据有关文献记载，在当时的河北一带，民间组织的"弓箭社"就有600多个，参加的人员有3万多，这可以说是我国历史上最早的专业运动员组织了。到了明清，射箭得到了更广泛的开展。康熙六十一年（1722年），曾经将"木兰秋狝"定为一项长期活动，把承德作为狩猎的一个重要活动场所，提高了整个射箭活动的开展。

• 蹴鞠

蹴鞠即踢球。据汉代刘向《别录》中记载"蹴鞠者，传言黄帝所作，或曰起于战国之时"。现在多数说法是蹴鞠起源于商代的足球舞，也有认为它是古代军中一种习武之戏。汉代蹴鞠盛行。唐代把它改进为蹴毬，用熟皮制皮球壳，内胆充气，同时产生两门两队的对抗赛，同现代足球相似。唐代的女子蹴鞠游戏十分盛行。宋代蹴鞠除了球门的形式，还有一种是"白打"，就是踢出花样，可以1个人，也可以10个人一块踢，讲究技巧性，相当于现在足球当中的颠球。上海博物馆藏的《宋太祖蹴鞠图》，表现了宋太祖赵匡胤、宋太宗赵光义，还有大臣赵普等，进行"白打"蹴鞠的情景。《水浒传》里边描写的那个高俅，就是因为踢得一脚好球，得到了宋徽宗的赏识被提拔做了高官，这些都是蹴鞠盛行的一个标志。从宋元一直到明清，在中国古代流行了几千年的蹴鞠逐渐走向衰落，它的特点就是从竞技性的蹴鞠，逐渐转变到儿童当中和妇女当中娱乐性的踢球。慢慢的，蹴鞠的娱乐性增强了，竞技性衰退了，它存在的能力、影响逐渐变小了。

• 摔跤

摔跤是中国最古老的体育项目之一。古代称为角力、角抵、相扑和争跤等，最早起源于古代的"蚩尤戏"。"蚩尤戏"是为了纪念与黄帝逐鹿中原的蚩尤而在北方流行的一种民间的竞技活动。到了东周时期，这种角抵戏比较普及，特别是在北方少数民族中非常多见。《史记·李斯列传》里曾经记载秦二世胡亥在甘泉宫观看角抵的情景，所以角抵从东周一直到秦代还是比较普遍的。角抵经过战国、秦汉的发展，到晋代出现了另一个名称，叫相扑。整个宋辽金元是它发展的重要时期，宋代有一部记载角抵的书，叫《角力记》。它把宋以前有关角抵的形式做了记录，可以说是我国体育史上最早的一部著作了。宋金元时期的相扑有了很大的发展，这个时候它有两种形式，一种是正式比赛，就像打擂台。

另一种相扑，是在表演场合进行表演的，它是给人看的。明清时候出现了另一个名称，叫作摔跤。到了清代，摔跤在宫廷当中非常盛行，摔跤作为满族的传统运动被带入了宫廷，并在民间盛行起来。当时的摔跤有两种，一种是"官跤"，摔跤的人叫作"布库"，当时宫廷专门设立了一个机构叫"善扑营"来管理，善扑营的布库分一、二、三等，每年按等领取钱粮。每年12月23日，布库在养心殿御前进行摔跤表演。除了"官跤"，在民间还有一种摔跤叫"私跤"，私跤就是老百姓进行的一些游戏活动。每到节日、集会、休闲的时候，几对大汉就在"跤窝子"（摔跤的场所）里进行摔跤。

除了上述极为常见的运动项目，中国古代还有许多不为人知的古老运动。

• 击壤

壤，由木板做成，长约 1.3 米，宽约 0.1 米，前宽后窄，形如人鞋。击壤之前，先将一枚壤插在地上，运动员退后三四十步远，站定；然后，以手中另一块壤板，抛击插在地上的那块壤。击中计分，分多为胜。历史上有著名的《击壤歌》，歌曰："日出而作，日入而息，凿井而饮，耕田而食。帝力于我何有哉！"击壤运动，明白易懂，器材简单，规则明确，场地要求不高。历

代史家称其为中国最古老运动（游戏）之一。运动员多为老者。

• 投壶

投壶运动开展很早，大约在春秋之前就有了。儒家著作《礼记》中就有记载。参加投壶的运动员多为头面人物，也就是那个时代的诸侯或者士大夫，即上流社会的男人。一般是在宴请宾客的时候，主人命捧出箭壶，自己手拿箭矢，说：我有这样的运动器械，请诸位来竞赛；宾客要谦虚地推辞，数次之后方可进入比赛。比赛开始，不但要有比赛用的箭和壶，还要有其他辅助用具和繁多的礼节，有十多个人为比赛服务，是一种非常讲排场的运动。有点像今日的拳击运动，一个人在打，许多人在拳手周围忙活。其实，对于比赛者来说，就是退到离箭壶数步远的地方，手起一投，将一支箭抛投在壶口之中。投壶之口，直径约 0.1 米，壶颈长约 0.2 米，壶腹长约 0.16 米。壶中装有小豆（增加弹力）。箭矢投入壶内计分。如果投入的箭矢入壶后又弹出，称其为枭，所获分数高于未弹出的箭矢。箭矢长约 0.8 米，每次投 12 支。全部投入为全胜，不能够全入按分数计，多分胜少分。《资治通鉴》作者司马光写有一篇"投壶论文"，专论投壶运动对于人的修养是如何的好。

18

• 龙舟

　　龙舟竞渡在春秋时就出现了，秦汉魏晋以后，龙舟竞渡在民间盛行。特别是隋唐以后它的竞赛时间比较统一，一般定在每年的农历五月初五端午节期间。除了龙舟竞渡，在具有地域和民俗时令特点的民俗民间体育活动当中，还有一类是依据民俗节令的变化而兴起的、带有规律性的一种体育活动。这种活动形式就是在节日期间、在民俗节会期间举行，而且每当节日期间必须举行这类活动。它具有一定的依附性，像春节、七夕、清明等，这些节日期间都有民俗体育活动举行。主要有拔河、秋千、踏青、登高、高跷、放风筝、元宵观灯、跑旱船、舞龙和踢毽子等，这些都是很典型的民俗性的传统体育活动。

中国古代的运动会简介 〉

所谓运动会，通俗地说，就是许多爱好运动的人集体参加的活动。传说夏代就已有学校习射。殷商时期，出现了习武教学比较系统的学校。周代六艺教育中有射御（射箭、驾车），每年都照例举行一次规模盛大的"运动会"。古代各个时期各种形式的体育运动也不胜枚举。

中国古代其实也有运动会，不过这种运动会一般规模不大，而且仅限于一个村庄或一个宗族内部。古代运动会的大部分项目，都带有浓厚的军事色彩，如射箭、武艺、摔跤、驾车、举重、田径、狩猎、足球、马球等；还有一部分运动项目逐步演化为社会娱乐活动，如杂技技巧、游泳弄潮、花样滑冰、龙舟竞赛、拔河、秋千、风筝等；而导引、气功、按摩，既是体操又是医疗保健的养生手段。

其实早在夏商周三代，就有一些较为正规的竞赛活动了，当时的竞赛元素大多是以投掷、摔跤这些反映体能和技能的项目为主。当时影响最大的当属"讲武之礼"。所谓"讲武之礼"，即西周时每年于"孟冬之月，天子乃命将帅讲武，习射、御、角力"（《礼记·月令》）的活动，是一种采用"角试"比赛方式进行的军事训练或军队校阅。这种活动的目的是教习战法，熟悉号令，甄选士卒，是一项重要的军事活动。秦统一六国后，禁止民间私藏兵器，把"讲武之礼"改为角抵。通俗地说，它主要就是通过一些技能的比试来选拔人才。

"讲武之礼"的很多项目和古西腊有非常相似的地方，比如"先马走"，就是跑在马前面，所以我们古代的军事训练中有种负重赛跑。所以跑的运动在古代

繡像第五才子書

之劫殺以示戒也原其意蓋　皆不可知要不過編輯綠林　所著或謂越人羅貫中所作　人作列傳或謂東都施耐菴　水滸一書七十回為一百八　五才子水滸序

社会,古西方都很重视。后来有种叫"急脚递",是传送文书的,《水浒传》里不是有个神行太保戴宗吗,他就是跑得很快的,这就有点类似于西方的马拉松。另外还有摔跤—角力,这在我们先秦时期是开展得非常普遍的活动。还有就是射箭,它形成了一整套非常严密的制度。

• 秦朝田径运动会

确切地说,这场"全军"运动会发生在秦朝建立的过程中。公元前 224 年,秦国大将王翦率 60 万大军攻打楚国。此君本已被嬴政请回老家安心养老去了,谁知夸下海口号称 20 万就灭楚的李信大败而归。重出江湖的王翦让人捉摸不透,他不但不"积极应战",反而退避自守,天天带领士卒开展投石和跳远运动,以提高士兵体力,丰富文娱生活。楚军的耐力和斗志被王翦拖个精光,最终惨败。

• 北魏射箭运动会

凭借强身、防敌、增产的三合一功效,射箭当之无愧成为中国古代体育运动的鼻祖。射箭在魏晋时期已经有了专业比赛。北魏孝武帝在洛阳华林园召开过一次"戏射"比赛。19 个运动员在百步之外对着一个两升的银酒杯竞射。射中者可以把这个皇家赞助的酒杯抱走,故名"奖杯赛",所谓"奖杯",就是这么来的。射手王顺当时夺得冠军,成为中国历史记载中最早获得奖杯的运动员。

• 刘宋跳高运动会

南北朝时期,民间盛行"赌跳"运动。《资治通鉴·宋纪》里记载,刘宋皇帝亲自组织跳高比赛,鼓励大臣和军队参加,并且不时以身作则君臣同乐一把。帝王大力推行,跳高运动在当时十分流行。

• 唐朝龙舟竞渡运动会

　　在唐朝以前，龙舟竞渡并没有统一的日期。唐朝时期，龙舟竞渡时间被统一在农历五月初五端午节时举行。各郡、县、村社每年都组织龙舟竞渡比赛。赛场终点插着锦旗彩竿，彩竿上一般悬挂着锦缎，名叫"标"。夺标者为胜出者。龙舟竞渡也就成了每年一度的"锦标"赛。

• 北宋足球运动会

　　中国是足球的发源地。蹴鞠历史悠久，在宋朝达到巅峰，高俅就是当时的著名蹴鞠运动员。宋太祖赵匡胤与弟弟赵光义、大臣赵普等6人进行过一场"白打"蹴鞠赛。大臣苏汉臣在没有照相技术的时代，用画笔对那场赛事进行了现场报道，绘出著名的《宋太祖蹴鞠图》（现存为元代临摹品）。

　　虽然在早期有军事上的影响，但从整个历史来看，中国古代运动会更多的走的是一条娱乐化的道路，更多趋向于表演，注重其趣味性与技巧性，并不主张硬碰硬。中国古代运动扎根于民间，所以它的走向较为随意，也因为这种随意性，很多的传统运动项目都在时代发展过程中被遗忘或丢失，十分可惜。

● 现代日常运动项目

在运是人类与生俱来的生存方式，现代运动项目是指严格按照一定规则，以最大限度地发挥人的运动能力，创造优异成绩，表现运动技艺，锻炼身体，从而展现自我的有组织的社会活动。训练是现代运动项目的基础，竞赛是现代运动项目的表现方式，健身是现代运动项目的目的。从体育发展的历程来看，现代运动项目与古代运动项目是一脉相承的。

最为男生所青睐的运动——篮球 〉

篮球是很多男生的最爱，不仅因为篮球运动能够在跑跳投等多种身体运动中展现活力和激情，也因为在这样聚集了众多高大、阳光男生的运动场上，能够受到更多的欢迎。一些著名演员，都有意或特意强调自己喜欢打篮球，从周杰伦到潘玮柏，篮球成了他们的广告道具。而乔丹、科比、姚明、易建联、孙悦等篮球明星更是很多女性与广告商的最爱。

篮球运动是以投篮、上篮和扣篮为中心的对抗性体育运动之一。最早为美国马萨诸塞州的一名教师詹姆斯·奈斯密斯博士所创。他并不是在改革一项运动而是在发明一项运动。他当时只是为了学生们发明一种适

合室内进行的运动,他的发明引起了积极的响应。最初,他将两个装桃子的篮,钉在学校健身房楼上看台的两端,以橄榄球作为比赛用具,向篮内投掷,后来改为铁制的圆圈,挂上线网。再后来剪开网子下口,成为今天篮筐的样子。为了完善篮球这一新生运动项目,他在1892年制定了18条规则,后逐步修改和增加条款,出场人数也逐渐减少,直至规定每队5人,这才成为现代的篮球运动。

篮球运动的发扬光大与美国篮球职业联赛有着密切联系。美国篮球职业联赛是美国第一大职业篮球赛事,其中产生了威尔特·张伯伦、奥斯卡·罗伯逊、迈克尔·乔丹、科比·布莱恩特、勒布朗·詹姆斯等篮球巨星。该协会一共拥有30支球队,分属两个联盟:东部联盟和西部联盟;而每个联盟各由3个赛区组成,每个赛区有5支球队。30支球队当中有29支位于美国本土,另外一支来自加拿大的多伦多。每年的NBA赛事成为全球目光的聚焦点。

而篮球运动为我国青少年所熟悉，与日本漫画家井上雄彦的作品《灌篮高手》关系密切。在篮球的世界里，在那飘洒着樱花的神奈川县，在灯光下充满呐喊声的篮球场上，一个小小的篮球，陪伴着追逐梦想的少年。看过《灌篮高手》的人或许都有着不同的经历，可每个人都能在这里找到相同的感动。而樱木花道、赤木刚宪、流川枫、宫城良田、三井寿……这些名字将成为一代人永恒的记忆。

投篮的趣闻

最远距离投篮：1970年1月16日在太平洋路德大学进行的一场友谊赛中，斯·迈尔斯从端线掷界外球，只见他奋力一掷，球竟入网。此球虽不符合规则，但在全场观众热情欢呼的压力下，裁判判此球有效。赛后测量此次投篮的距离为28.129米；1985年2月，美国马歇尔大学队对圣何赛马拉威亚大学队的比赛中，队员莫利斯一次远投命中，距离是27.37米。

盲人神投手：19岁的美国盲人姑娘姬

蒂，在5分钟内连续投进98个球，几乎是百发百中。

蒙眼投篮之最：1978年2月5日，美国加州圣何赛的弗·纽曼蒙上眼睛，连续投中88个球，创造了世界纪录。

罚球命中率之最：1975年5月31日至6月1日的24小时里，美国的弗·纽曼罚篮13116次，命中12874次，命中率高达98.15%。

非运动员连续投篮之最：迪·马丁是美国华盛顿州人，他从小喜欢打篮球，但因身高只有1.7米，所以失去了当运动员的机会，因此他也没有接受过专业训练。一个偶然的机会，他试着投篮，一口气命中了210个，接着他又连续投中514次，远远超过了当时144次的世界纪录。1972年，他连续投中2000次，打破了世界纪录，以后又接连9次打破世界纪录。1977年，他在4小时30分时间里，连续投中2036次，创造了世界记录，并被收入吉尼斯大全。

27

小球转动大球——乒乓球 〉

乒乓球，是一种世界流行的球类体育项目。它的英语官方名称是"table tennis"，意即"桌上网球"。"乒乓球"一名起源自1900年，因其打击时发出的声音而得名，在中国就以"乒乓球"作为它的官方名称。

乒乓球被视为中国的"国球"，除了体育赛场上中国军团往往将这个项目的奖牌尽收囊中外，还由于它对场地要求不高，因而还是一项全民健身运动。

乒乓球为中国的外交也作出过突出贡献。1971年第31届世界乒乓锦标赛期间，中国选手庄则栋与美国运动员科恩邂逅，后来成就了"乒乓外交"的历史佳话，被誉为"小球转动大球"。

最让人"眼明手快"的运动——羽毛球 〉

打羽毛球能让人练得"眼明手快"，原因很简单，因为打球时双方要经常观察对手的挥拍姿式和高速飞行中的羽毛球，眼睛紧紧追寻高速飞行的物体，眼部的睫状肌就会不断地收缩和放松，大大促进了眼球组织的血液循环，从而改善了睫状肌的功能，长期锻炼就能提高人的视觉灵敏度和眼睛的反应能力。对于普通的羽毛球爱好者，尤其是中老年人和过度用眼的人来

说，如果能坚持打羽毛球，视觉敏感度将会明显提高。

打羽毛球强心又减肥：打羽毛球需要运动者在场地上不停地进行脚步移动、跳跃、转体、挥拍，是一种全身性的运动。因此，打羽毛球可以增加锻炼者上肢、下肢和腰部肌肉的力量，加快全身血液循环，增强心血管系统和呼吸系统的功能。据统计，大强度羽毛球运动者的心率可达到每分钟160～180次，中强度心率可达到每分钟140～150次，低强度运动心率也可达到每分钟100～130次。长期进行羽毛球锻炼，可使心跳强而有力，肺活量加大。同时，羽毛球运动也很适合减肥人士。在羽毛球运动中，需要不停地运用手腕和手臂的力量握拍、挥拍，还要充分活动踝关节、膝关节、肩关节、髋关节等部位，所以对于全身肌肉和关节的锻炼是很充分的。而且，你在捡球、接球的过程中，又会不断地弯腰、抬头，这样，也使腰部、腹部的肌肉得到了充分的锻炼。坚持打羽毛球，一段时间后，你会发现身体苗条了，肌肉紧实了，体力也好了起来。

如果你想减肥的同时还能锻炼大脑的协调能力，不妨去练习打羽毛球吧！这绝对是种不错的运动，对场地也不会太限制。

最具备英雄主义幻想的运动——足球 ❯

足球中存有一种张力之美，金球定乾坤后脱去上衣如风般地狂奔，单骑闯关的一剑封喉，羚羊般灵动的闪击，潇洒大力的抽射……组成了一幅幅绿茵场上灵与肉的精美画卷。

现代最具备英雄主义幻想的运动，毫无疑问属于足球。圆形的足球场酷似古罗马时的斗兽场，场上奔跑的运动者们——求胜之心态、奔跑之速度和致命一击所带来的淋漓尽致的身体快感，让运动者和看客达成共识。

尽管国际足联确定了中国古代的"蹴鞠"是足球源头，但是英国的足球规则确立后，属于古代那种玩乐、游戏，甚至是狂欢的心态越来越多地被比赛分数所取代，功利的结尾终结了游戏的快乐。

不过，追求比分也使其成为最能锻炼参与者性格和职业心态的一种运动，因为要团队的共同努力去追求某个成功的进攻。在球队还不够成熟时，每个人总想打前锋，这样能直接得分，备受关注。但是随着他们越来越成熟，就学会应该在自己擅长的位置踢球，所以球场退下来的人自然就具备团队合作能力。退役的守门员最适合组织工作，他会不断地协调众人能力，是训练出来的帅才；前卫则是很好的技术型人才，他能够组织一次又一次地进攻，可以成为学科带头人或出色的营销经理。

因为需要团队合作，外向的孩子很适合练习足球。不仅如此，在各项运动中，足球格外需要动脑筋。脚是人最底层、最基本、最笨拙的身体部位之一。要靠它来控制一个圆形的不断运转的球，毫无疑问，你需要很高的运动智力，在面临各种复杂微妙变化时，迅速作出判断。

足球已经越来越演变成一种群众性的狂欢，超越一般体育项目，有点像演唱会。有无数家庭几代延续着自己对某个球队的忠诚，为什么?还是因为从远古遗留下来的那种幻想。场上的11个人，替所有的拥护者完成着征战四方的使命。

足球，不仅仅是游戏，不仅仅是比分，它还是与信念休戚相关之物。

▶ 1对11的足球赛

在丹麦的温西利德城，曾有过一场奇特的足球赛，一方上场11人，而另一方只有1人。

原来，撒鲁姆队参加比赛记错了比赛时间。比赛开始时只有守门员奥力逊赶来，他请求裁判员把比赛时间再延迟10分钟，未被获准，并被告知：如不想弃权，那就由他1人先上场。奥力逊于是上场了，随着裁判的哨响，比赛开始了。奥力逊想的就是如何拖延比赛时间，等待队友的到来。他一个大脚把球踢到了场外的观众席上，然后飞也似的退回自己的球门，在接连几分钟内，奥力逊使尽浑身解数，奋力抵抗对方10名队员的进攻，只要一得球，就一个大脚把球开到远远的观众席上。不久，他的队友们就赶来了，此时奥力逊仅仅失了1球。

撒鲁姆队的队员们看到浑身是汗的奥力逊，为他顽强的精神所感动，马上全力投入比赛，最后反以3：1战胜了对方。

34

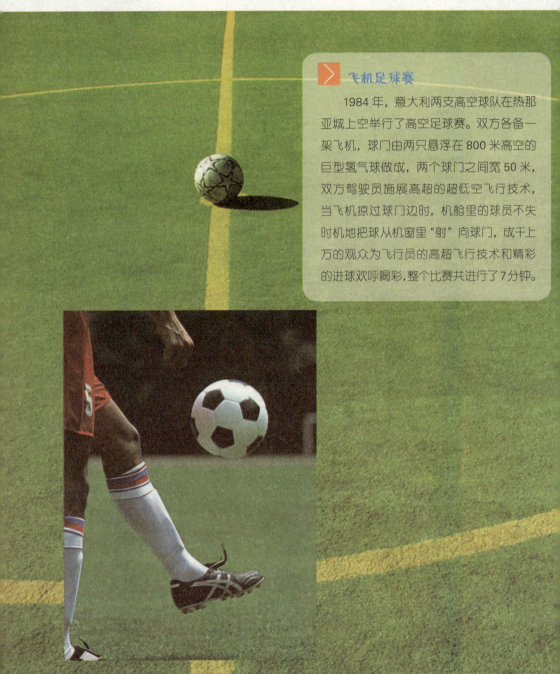

▷ 飞机足球赛

　　1984年，意大利两支高空球队在热那亚城上空举行了高空足球赛。双方各备一架飞机，球门由两只悬浮在800米高空的巨型氢气球做成，两个球门之间宽50米，双方驾驶员施展高超的超低空飞行技术，当飞机掠过球门边时，机舱里的球员不失时机地把球从机窗里"射"向球门，成千上万的观众为飞行员的高超飞行技术和精彩的进球欢呼喝彩，整个比赛共进行了7分钟。

运动量适中的运动——排球 〉

排球运动源于美国，1895年由美国马萨诸塞州（旧称麻省）霍利约克市，一位叫摩根的体育工作人员发明。当时，网球、篮球很盛行。摩根先生认为篮球运动太激烈，而网球运动量又太小，他想寻求一种运动量适中，又富于趣味性，男女老少都能参加的室内娱乐性项目，就想把当时已广为流行的网球搬到室内，在篮球场上用手来打。这种游戏开始时，他将网球网挂在篮球场上，用篮球隔网像打网球一样打来打去进行游戏。但室内篮球场面积较小，篮球容易出界，于是他作了某些改进：一是把篮球允许球落地后再回击的规则改为不许落地；二是改变排球外形，如大小、重量。三是篮球太大、太重，不能按预想的方式进行游戏，便改试用篮球胆。而篮球胆又太轻，在空中飘忽不定。玩起来不方便，难于控制。于是，一家体育公司对其进行了深度研究，做出了一种新的规格的球，经过试用效果很好，就决定采用这种球。现在国际标准用球虽历经百年，进行了千百次的改进，但球的规格和第一代的球几乎差不多。

• 排球运动的特点

广泛的群众性：排球场地设备简单，比赛规则容易掌握。排球既可在球场上比赛和训练，亦可以在一般空地上活动，运动量可大可小，适合于不同年龄、不同性别、不同体质、不同训练程度的人。

技术的全面性：规则规定，每个队员都要进行位置轮转，既要到前排扣球与拦网，又要轮到后排防守与接应。要求每个队员必须全面地掌握各项技术，能在各个位置上比赛。

高度的技巧性：规则规定，比赛中球不能落地，不得持球、连击。击球时间的短暂，击球空间的多变，决定了排球的高度技巧性。

激烈的对抗性：排球比赛中，双方的攻防转换始终是在激烈的对抗中进行。高水平比赛中，对抗的焦点在网上的扣拦上。在一场比赛中，夺取一分往往需要经过六七个回合的交锋。水平越高的比赛，对抗争夺越激烈。

严密的集体性：排球比赛是集体比赛项目，除发球外，都是在集体配合中进行的。没有严密的集体配合，再好的个人技术也难以发挥，更无法发挥战术的作用。水平越高的队，集体配合就越严密。

最优雅的运动——台球 〉

　　考究的白衬衣、精致的蝴蝶结，优雅地出杆、准确地击球……台球运动被誉为最优雅的球类运动。台球源于英国，它是一项在国际上广泛流行的室内体育运动，是一种用球杆在台上击球、依靠计算得分确定比赛胜负的室内娱乐体育项目。现在的台球已发展成为一种多种多样的运动：有中式八球、俄式落袋台球、英式落袋台球、开伦台球、美式落袋台球和斯诺克台球，其中斯诺克最为普遍，已成为一项比赛项目。

· 斯诺克台球

　　斯诺克，又称英式台球、落袋台球。此项运动使用的球桌长约 3569 毫米、宽 1778 毫米，台面四角以及两长边中心位置各有一个球洞，使用的球分为 1 个白球、15 个红球和 6 个彩球（黄、绿、棕、蓝、粉红、黑），共 22 个球。击球顺序为一个红球、一个彩球直到红球全部落袋，然后以黄、绿、棕、蓝、粉红、黑的顺序逐个击球，最后以得分高者为胜。斯诺克盛行于英国、爱尔兰、加拿大、澳大利亚和印度等国家。近十几年来，斯诺克运动也在东亚得到推广和普及，目前泰国、中国等都有优秀选手涌现。

苍蝇葬送了世界冠军

1865年9月7日,美国纽约罗彻斯特华盛顿礼堂的舞厅,被来自世界各地的观众挤得水泄不通,一场台球世界冠军争夺赛正在进行。争夺是在路易斯·福克斯和约翰·迪瑞之间进行,这两位台球大师正争夺一笔4万美元的奖金。

在最后决胜局比赛中,路易斯·福克斯的得分扶摇直上,并还在继续上升。他已遥遥领先,只要再得几分,这场比赛就将宣告结束。他的对手约翰·迪瑞沮丧地坐在一个角落里,眼看着自己的失败无能为力。正在这时,在那安静的比赛大厅里出现了一只苍蝇,嗡嗡作响,它绕着球台盘旋了一会儿,然后落在主球上。路易斯·福克斯微微一笑,轻轻地一挥手,"嘘"一声赶走了苍蝇。他又盯着台球,俯下身子准备击球。可是这只苍蝇第二次又落在了主球上。观众中发出了一阵笑声,路易斯·福克斯又轻嘘一声将苍蝇赶跑了,他的情绪并没有因为这种干扰而波动,但是这只苍蝇第三次又回到球上。观众中发出了一阵阵狂笑。这时,路易斯·福克斯失去冷静,用球杆去捣那苍蝇,想把它赶走。

不料球杆擦着了主球,使主球滚动了约0.2米。苍蝇飞走了,可是由于他触击了主球,这就造成了他的一次失误,于是他也就失去了继续击球的机会。他的对手约翰·迪瑞赢得这一幸运的机会,在这次机会中约翰·迪瑞打得极漂亮,长时间地连续击球得分,直至比赛结束。约翰·迪瑞夺得了这届台球世界冠军。

最具有贵族气息的运动——网球 ⟩

网球高手, 白色的行头, 干净而有品位, 举手投足都带着高贵的气质, 双手挥拍扣杀或者飞身单手救球, 都是令人心跳加速的表演, 这种华丽的演出简直就是人们魅力展示的盛典。

网球是一项优美而激烈的运动, 网球运动的由来和发展可以用四句话来概括: 孕育在法国, 诞生在英国, 开始普及和形成高潮在美国, 现在盛行全世界, 被称为世界第二大球类运动。1885年前后, 网球运动传入中国, 经过100多年的发展, 网球在中国的影响正在逐步扩大。

• 网球运动的优点

一、健康美体，打网球看上去是用手打，实际上是用腿打，所以网球运动很锻炼下半身，尤其是健美小腿，同时，打网球对塑腰很有好处，业余网球爱好者运动的强度并不大，但是还可以，正适合健身强度，大部分属于有氧运动、脂肪运动。

二、网球是球场上的芭蕾，很讲究美感和韵律感，打网球不需要你用多大的劲儿，但可以培养动作的节奏感和身体的协调能力。气质、风韵、美感都可从网球运动中看到，如果你不相信看看网坛美女莎拉波娃、库尔尼科娃。

三、打网球可以愉悦身心，增强自信，在运动中把最真、最自然的一面释放。

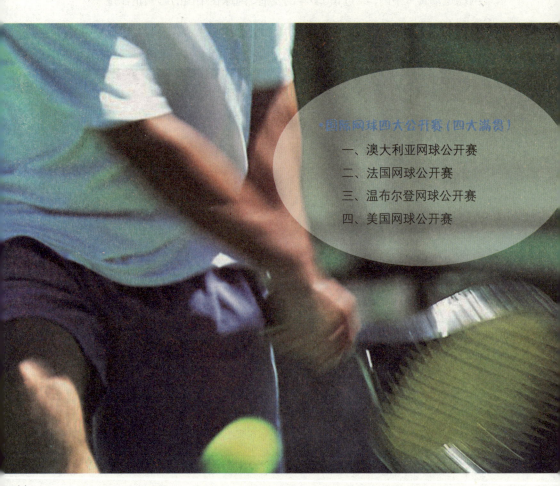

• 世界网球四大公开赛（四大满贯）

一、澳大利亚网球公开赛

二、法国网球公开赛

三、温布尔登网球公开赛

四、美国网球公开赛

当即表示同意。也许是打赌刺激，阿加西赢了这场比赛，夺得了奖杯，吉尔博特无奈，只好把耳朵穿了孔。

这次吉尔博特又不甘寂寞，他再次向阿加西挑战打赌：假如阿加西在美国网球公开赛上战胜他的话，他将剃掉全身的毛。这次阿加西又获胜了。他为了扩大影响，特地请美国一家电视台安排了一个仪式，让吉尔博特在摄像机面前兑现诺言。

吉尔博特坦然接受了自己给自己造成的"刑罚"，他当着成千上万电视观众的面，由他的妻子吉姆和电视台专题节目主持人丽莉联手执行。她们给他全身抹上剃须膏，然后用剃刀认认真真地剃个干净。"仪式"结束后，吉尔博特显得有些好笑，他自嘲地说："这可能还可以改进我的空气动力外形呢！"

打赌输掉一身毛

1994 年在美国举行的职业网球公开赛上，美国选手吉尔博特不仅输了球，还输掉了一身毛。

吉尔博特当时 34 岁，他性格开朗，爱和人开玩笑。一次，他参加加拿大公开赛时，向美国选手阿加西挑战，他打赌说，如果阿加西获胜，他将把耳朵穿个孔，阿加西

45

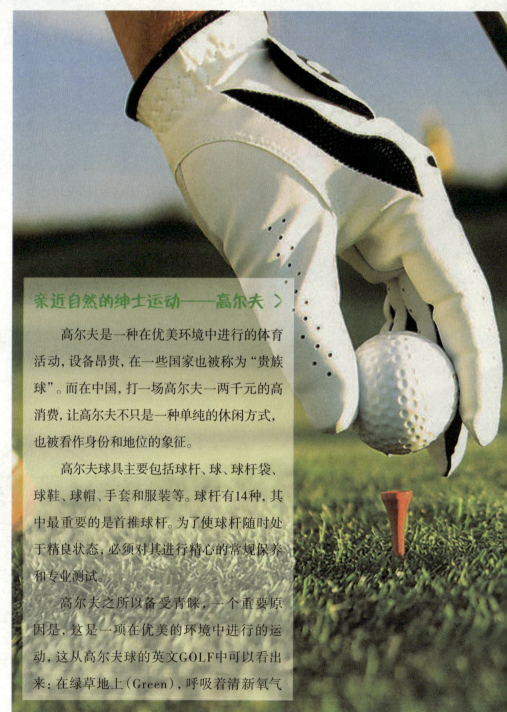

亲近自然的绅士运动——高尔夫 〉

　　高尔夫是一种在优美环境中进行的体育活动，设备昂贵，在一些国家也被称为"贵族球"。而在中国，打一场高尔夫一两千元的高消费，让高尔夫不只是一种单纯的休闲方式，也被看作身份和地位的象征。

　　高尔夫球具主要包括球杆、球、球杆袋、球鞋、球帽、手套和服装等。球杆有14种，其中最重要的是首推球杆。为了使球杆随时处于精良状态，必须对其进行精心的常规保养和专业测试。

　　高尔夫之所以备受青睐，一个重要原因是，这是一项在优美的环境中进行的运动，这从高尔夫球的英文GOLF中可以看出来：在绿草地上（Green），呼吸着清新氧气

（Oxygen），沐浴着明媚阳光（Light）的踏足运动（Foot）。

高尔夫一直被视为强调风度和修养的运动，球场的很多基本守则在于球员的自我约束，这使得高尔夫成为重视礼仪与风度的绅士之争。与许多其他运动项目不同，高尔夫球运动大多是在没有裁判员的情形下进行的，"这就得靠每个参与者自觉遵守规则。高尔夫是靠这种诚实和信用来维持秩序的，无论对抗多么激烈，所有球员都应当自觉约束自己的行为，在任何时候都表现出礼貌谦让和良好的运动精神，这就是高尔夫球运动的精髓所在"。高尔夫球场上有很多不成文的规定，比如"球员在球场上要始终为其他球员着想，不应以走动、讲话或制造不必要的噪声干扰他人打球"，还有"球员应当确保自己带到球场的任何电子用品不会对其他球员造成影响"，等等。

 美国总统角逐高尔夫

美国前总统克林顿和前总统布什、福特等在 1995 年春参加了一场募捐性质的高尔夫球表演赛，尽管比赛的水平不是很高，但笑料迭出。

美国前总统福特在高尔夫球场上已是"臭名昭著"的人物，他一贯用高尔夫球打击观众。这一次也如法炮制。他是第一个上场的队员，上场后打出的第一杆便把球击向了围观的人群，好在人们对他早有防备，见球袭来便作鸟兽散，高尔夫球呼啸而过。

美国前总统布什给人的印象一向是老成持重，谁成想这次却变成了"第一杀手"。他击第一杆时很顺利，击第二杆时球撞到树上又反弹回来，但反弹的地方有点不对，正弹到一位观众的脸上，把人家的眼镜片击个粉碎。布什很遗憾。幸运的是这不是故意伤害，大概不会吃官司。

这次比赛是由著名喜剧明星霍普组织，当时不到 50 岁的克林顿看到自己的对手都是古稀、耄耋老人，声称非拿冠军不可，然而运气不佳，第一杆就把白球击进沙坑里，尽管他扯着嗓子喊："往前走"，但球不听他的，滚进沙坑后便一动不动了。

这场比赛是在加利福尼亚州的印第安威尔斯乡村俱乐部举行的。当时除了克林顿只有 48 岁外，布什已 70 岁，福特 81 岁，最让人担心的是霍普已 92 岁。霍普虽然能走动，只是走得太慢，总给人以"蠕动"的感觉。

有记者问克林顿比赛时是否打过赌，克林顿说："没有，我们是一个队的，。"

其实，这几位美国总统并非是要在高尔夫球场上分出个胜负，而是通过体育运动来树立他们的良好形象。

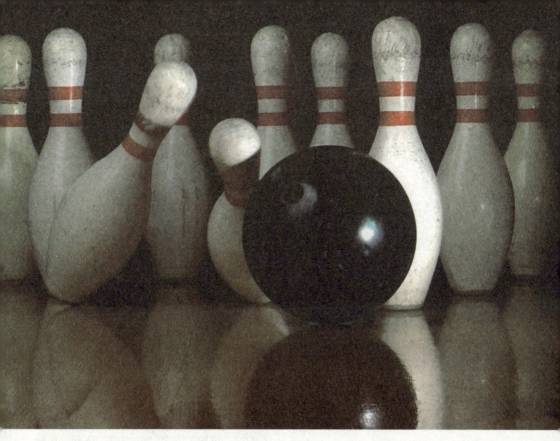

男女老少皆宜的运动——保龄球 >

保龄球的起源也许可以追溯到公元前 5200 年的古埃及，人们在那里发现了类似现代保龄球运动的大理石球和瓶。在 13 世纪的德国教会里，流行着一种"九柱球"的游戏，来检验教徒对宗教的信仰程度。直到宗教革命之后，马丁·路德统一了九瓶制，成为现代保龄球运动的真正起源。如今，保龄球已经成为现代社会中的一项时尚运动，流行于欧洲、美洲、大洋洲和亚洲一些国家。保龄球，英文名是 bowling，又称地滚球，它是在木板道上滚球击柱的一种室内运动。

保龄球比赛分个人赛和多人赛。赛前，以抽签决定道次和投球顺序。比赛时，在球道终端放置 10 个木瓶成三角形，参加比赛者在犯规线后轮流投球撞击木瓶；每人均连续投击两球为 1 轮，10 轮为一局；击倒一个木瓶得 1 分，以此类推，得分多者为胜。规则规定，运动员投球时必须站在犯规线后面，不得超越或触及犯规线，违者判该次投球得分无效。投球动作规定用下手前送方式，采用其他方式为违例。

保龄球具有娱乐性、趣味性、抗争性和技巧性，给人以身体和意志的锻炼。由于是室内活动，不受时间、气候等外界条件的影响，也不受年龄的限制，易学易打，所以成为男女老少人人皆宜的特殊运动。

追风的运动——短跑 >

短跑运动员矫健的身姿,快如闪电的速度,把"追风"的精神演绎得淋漓尽致。短跑是田径径赛项目中的一类,一般包括:50米跑、60米跑、100米跑、200米跑、400米跑、4×100米接力跑、4×400米接力跑等几项。其运动特性:是人们同时以最快的速度,在确定的跑道上跑完规定的距离,并以最先跑完者为优胜的项目;在人体机能供能方面,表现为人体以最大限度发挥人的本能,并以无氧代谢供能的方式供能。

根据记载,公元前776年,在希腊奥林匹克村举行的第一届古代奥林匹克运动会上就有了短跑比赛项目。当时跑的姿势是躯干前倾较大,大腿抬得很高,脚落地离重心较近,步幅较小的"踏步式"跑法。起跑是采用"站立式"姿势,并把大石块置于脚后,借推蹬巨石之力来加快起跑的速度。1887年,人们开始采用"蹲踞式"起跑,1927年有了起跑器,但到1936年第11届奥运会上才被正式采用。在这个阶段中,短跑技术有了很大的演变,由脚跟先着地改进为前脚掌着地,并形成了一种"摆动式"的跑法。由于短跑技术的改进,推动了短跑成绩的迅速提高。

1894年,第一个100米的世界纪录诞生,成绩为11秒2。2009年8月17日,柏林田径世界锦标赛100米决赛中,博尔特以

9秒58获得冠军，并再次大幅度刷新百米世界纪录。200米被列入比赛项目是在1900年的第2届奥运会，当时成绩为22秒2。博尔特在2008北京奥运会上创造的成绩是19秒30。1896年第一届近代奥林匹克运动会上所创造的400米纪录是54秒2，迈克尔·约翰逊1999年在亚特兰大创造的400米纪录是43秒18。

女子参加短跑比赛是从1928年第9届奥运会开始的，当时100米纪录是12秒2。经过49年，到1977年创造了10秒88的世界纪录（电动计时）。女子200米比赛直到1948年第14届奥运会才开始，经过了30年，即到1978年提高到目前的22秒06的成绩（电动计时）。由于短跑运动水平的不断提高，也促进了其他田径运动项目的发展。

短跑是人体运动器官和内脏器官在大量缺氧的条件下完成最大强度的工作，属于极限强度的运动。短跑能有效地发展速度素质，因此，它是田径运动的基础项目，而且在其他运动项目的训练中也占有重要的地位。

> ### 400米跑为何分道

　　1908 年，第 4 届奥运会在英国的伦敦举行。参加男子 400 米跑比赛的一共有 36 人，预赛后有 4 人进入决赛。这 4 人中有 3 名美国人，1 名英国人，他叫霍尔斯韦尔，是当时世界最优秀的 400 米运动员。他在预赛中已跑出了 49 秒的好成绩（打破了 49 秒 2 的奥运会纪录）。3 名美国选手明白，如果正常地跑，谁也不是霍尔斯韦尔的对手。于是他们 3 人密谋，决定用一鸣惊人的方法取胜。400 米决赛的枪声响了，一名叫卡宾特的美国选手拽住霍尔斯韦尔的短裤，另两名美国选手在前边挡住去路。3 名美国选手的行径引起场上几千名观众大笑，也惹恼了裁判员，当即停止了比赛，

拽短裤的卡宾特情节最严重，被取消了比赛资格，让剩下的 3 名选手重新比赛。但剩下的两名美国队员为了表示"团结一致"，以拒不参赛来抗议。大会态度强硬，索性也取消了他二人的比赛资格，这样一来，参加 400 米决赛就只有一名选手了。这在奥运史上是空前的。

　　霍尔斯韦尔自己参加决赛，自然跑不出情绪来。他的成绩为 50 秒，比预赛时整整慢了 1 秒。这届奥运会男子 400 米只有第一名，而无其他名次，这也是奥运会中不光彩的一页。为了杜绝此类事件的重演，从第 5 届奥运会起，400 米跑就分道了。

耐力的比拼——长跑 〉

　　长跑，即长距离跑步，路程通常在5千米以上。田径比赛的长跑项目通常分为5千米跑、1万米跑、半程马拉松（约21.0975千米）、马拉松（约42.195千米）等。

LIAOJIEYUNDONGDEZHENDI

• 长跑益处

一、健身长跑可提高呼吸系统和心血管系统机能。科学实践证实，较长时间有节奏的深长呼吸，能使人体呼吸大量的氧气，吸收氧气量若超过平时的 7～8 倍，就可以抑制人体癌细胞的生长和繁殖。其次长跑锻炼还改善了心肌供氧状态，加快了心肌代谢，同时还使心肌肌纤维变粗，心肌收缩力增强，从而提高了心脏工作能力。

二、健身长跑有利于防病治病。健身长跑使血液循环加快，对排泄系统有害物质起到清洗作用，从而使有害物质难以在体内停留和扩散。据测定得知，16 分钟跑 3 千米或 25 分钟跑 5 千米，可降低血液中胆固醇的含量。这对老年人易患不同程度的高血脂症，继而引起血管硬化、冠心病、脑血管病等有着良好的预防作用。

三、健身长跑有利于心情舒畅、精神愉快。这种长跑因其不重视比赛胜负，只求在轻松愉快中健身，因此对缓解现代社会高节奏和激烈运动带来的精神心理紧张十分有益。据医学专家介绍，这种轻松愉快的运动最能促进体内释放一种多肽物质——内啡肽，从而使人产生一种持续的愉快感和镇静作用。另外，由于长跑使人情绪饱满乐观，有助于增进食欲，加强消化功能，促进营养吸收。

长跑锻炼对于培养人们克服困难，磨炼刻苦耐劳的顽强意志具有良好的作用。特别是对那些冬季怕冷、爱睡懒觉、不想锻炼的人起到促进作用，从而使人他们尝到健身长跑锻炼的好处。

• 马拉松

　　马拉松赛是一项长跑比赛项目，其距离约为 42.195 千米（也有说法为 42.193 千米）。这个比赛项目的距离的确定要从公元前 490 年 9 月 12 日发生的一场战役讲起。这场战役是波斯人和雅典人在离雅典不远的马拉松海边发生的，史称希波战争，雅典人最终获得了反侵略的胜利。为了让故乡人民尽快知道胜利的喜讯，统帅米勒狄派一个叫菲迪皮茨的士兵回去报信。菲迪皮茨是个有名的"飞毛腿"，为了让故乡

人早知道好消息，他一个劲地快跑，当他跑到雅典时，已上气不接下气，激动的喊道"欢……乐吧，雅典人，我们……胜利了"，说完，就倒在地上死了。为了纪念这一事件，在 1896 年举行的现代第一届奥林匹克运动会上，设立了马拉松赛跑这个项目，把当年菲迪皮茨送信跑的里程——约 42.193 千米作为赛跑的距离。马拉松原为希腊的一个地名，在雅典东北 30 千米。体育运动中的马拉松赛跑就得名于此。

"赤脚大仙" 〉

第17届奥运会的马拉松比赛开始了，在运动员的行列里，一位中等身材的黑人选手格外引人注意。不是因为他是什么世界名将，而是因为他赤着双脚！这在世界大赛上是从来没有过的。

他就是 28 岁的埃塞俄比亚选手贝基拉。他本是一名宫廷警卫，踢过足球，打过篮球，后来改练马拉松。埃塞俄比亚的大沙漠练就了他的"飞毛腿"和"铁脚板"，比赛中他从来不穿鞋。这是他第一次代表自己的国家参加奥运会。

随着发令枪响，马拉松比赛开始了。几位名手冲到前面，贝基拉夹在人群中，既不落后，也不领先。10千米后，他从人群中脱颖而出，轻松地跑到了最前面。贝基拉精力充沛、体力过人，跑得越来越快，跟在后面的人渐渐被落下来了，街道两旁的观众开始惊奇，并且为这个非洲人欢呼。最后几千米，几位名手试图超过他，但是失败了。贝基拉在观众的喝彩声中跑到了终点，成绩是2小时15分16秒，非洲人第一次在奥运会上获得了金牌。一些非洲来的观众冲下看台，把他高高抛到空中，摄影机对准了他，向全世界介绍这位来自非洲的奥运冠军。

埃塞俄比亚人载歌载舞，欢迎贝基拉的凯旋，塞拉西皇帝举行宴会欢迎他，亲手把一枚金光闪闪的"埃塞俄比亚之星"勋章挂在他胸前，并且宣布提升贝基拉为军官。

在4年以后，已过了而立之年的贝基拉在第18届奥运会上，把自己的成绩提高了近3分钟，以2小时12分21秒的成绩再次获得金牌，开创了一人蝉联两届马拉松冠军的先例。

▶ 跑步为什么要沿逆时针方向跑

　　1912 年，国际田联成立之际，把赛跑的方向统一定为以左手为内侧，即左转弯，并列入国际田联规则，沿用至今。为什么跑步要规定逆时针方向呢？有如下几个原因：

　　其一，人的心脏位于身体左侧，所以重心容易偏左，向左转弯比较容易。

　　其二，人类的双脚，左右各有其作用，左脚起支持作用（支持重心），右脚起运动作用（掌握方向和速度）。因重心偏于左脚，所以用右脚蹬地面来增加速度与力量。如很多的起跳（跳远、跳高）都是这样。

夏季最适宜的运动——游泳 〉

游泳是夏季最为适宜的健身运动。我国最早的诗歌集《诗经》中，就有"泳之游之"的词句。盛夏炎热，酷暑难消，游泳既可让人得到乐趣，消暑去凉，又能让人从中得到锻炼。

游泳时，人在水中承受的压力比在空气中大许多倍。站在齐胸深的水中，呼吸肌可得到有效的锻炼。经常游泳的人，心脏能得到锻炼，心肌发达，收缩能增强；同时，呼吸肌亦强壮有力，肺活量大。

游泳过程中全身肌肉有节奏地进行着紧张收缩、放松舒张的交替活动，锻练了肌肉，也消耗多余的脂肪。因而，经常游泳，能使人体肌肉富有弹性，体形优美。经常在冷水中锻炼，体温调节机能会得到改善，从而增强了人体对温度变化的适应能力。

游泳时，人体各部分的器官都参与活动，从而加大了人体能量的消耗，促进了新陈代谢，增强了神经、呼吸和消化、血液循环等系统的功能。

游泳时，水流和波浪对身体的摩擦和冲击还形成了水对人体的特殊的"按摩"，这样能使全身肌肉得到放松，紧张的神经得到休息，可以对经常失眠的人进行有效的催眠。

不要刚吃饱饭就游泳，以免因体表血管扩张，胃肠血液相对减少而影响消化功能。也不要空腹游泳，以防体内能源供不应求，使大脑血糖不足，引起头晕眼花，四肢无力，甚至晕倒。游泳的最佳时间是在饭后1小时左右。不宜在烈日下长时间游泳，最好避开中午阳光特别强烈的时间段，以防中暑。游泳前，应充分做好四肢、躯干各类关节和肌群的准备活动，再用凉水浇浇面、胸等部位，慢慢适应水温，切不可贸然入水，以防发生抽筋事故。剧烈运动后出汗较多，也不应立即游泳。此时肌体反应迟钝，如立即下水，容易产生因动作不协调引起的呛水，还会使张开的汗腺和毛细血管急剧收缩，出现肌肉痉挛。

走进神话般的水中世界——潜水 〉

随着潜水运动风靡全球，走进水中世界已不再是一个童话般的心愿，而是一份令您惊喜不已的浪漫。您无需事先学习潜水，便可以在真正的水域里感觉到潜水的新奇，想象一下当您徐徐潜入清凉明澈的水中，阳光被水折射成无数个星星，在眼前不断地闪烁、耀动。当五彩的鱼儿亲昵地依偎在身边，您会欣喜地感觉到自己置身于一个美妙的新奇世界，尽情欣赏五颜六色、千姿百态的海底生物；当成串的气泡欢快地漂过耳际，您会惊奇地发现您正轻松地扇动脚掌，自如地悬浮于水中，真心体会水中世界的奇妙、浪漫、自在、开心。

潜水的好处不仅在于水中的奇异世界给人的精神带来的巨大享受，而且更重要的是能够提高并改善人体的心肺功能，在美国及日本，潜水运动甚至被作为一种治疗癌症的辅助手段；据科学论证，水对人体的均衡压力有助于血液循环，水下长时间的吸氧可以有效地杀死癌细胞，并抑制癌细胞的扩散。但因为潜水的费用较高，一般人承受不了。虽然潜水的基础培训费并不高，但相继而来的配置器材与旅费却不是人人都能承受的。一套好的装备，普通的两三万，高级的十几万。如果想去好的自然海域，近的有马来西亚、泰国，远的有澳大利亚、红海等，这样的旅行，对多数人而言还只是一种梦想。所以在国内潜水尚属于开发阶段，但已有越来越多的人发现了这项运动的趣味与多姿多彩，并积极尝试参与。潜水首先要适应的是在水下以口代鼻的呼吸方式，就像感冒一样。而且不会游泳的人也可以潜得很好。水中的世界四通八达，可上可下，可翻跟斗，真可谓逍遥自在。

▷ 动物也潜水

美国旧金山市附近的男子艾尔巴是一名潜水爱好者，为了让自己家的宠物狗穆特雷、宠物猫霍凯尔也能够和他一起在海底潜水遨游，艾尔巴苦心研究，发明出了一种神奇的"动物潜水服"。穿上这种神奇潜水服后，向来都是陆地动物的猫和狗现在也能潜入水底，充分享受海底探险的乐趣了。

• 潜心打造"动物潜水服"

据报道，艾尔巴具有 20 年的潜水经验，是一个铁杆潜水爱好者。艾尔巴同时也是一名宠物爱好者，他家养着一只名叫穆特雷的宠物狗。艾尔巴不管走到哪儿都喜欢带上穆特雷，唯独当他到海底潜水时，宠物狗穆特雷却只能在岸上或船上干瞪眼。

为了让宠物狗也能享受海底潜水的乐趣，艾尔巴经过潜心研究，终于设计出了一种 7 千克重的宠物狗潜水服，它配有防水头罩和"压舱物"，能使宠物狗在水底像鱼儿一样畅游。据艾尔巴称，这套宠物狗潜水服的造价高达 4 万美元。

• 世界第一只"潜水狗"

艾尔巴让宠物狗穆特雷穿上这种动物潜水服后，先让它在自家后院的游泳池中进行潜水训练，然后才带着它到海洋中潜水。经过多次潜水训练后，宠物狗穆特雷成功成了世界上第一只会潜水的狗，并且还获得了一艘加勒比海巡航游轮颁发的潜水执照。

令人难以置信的是，艾尔巴不但训练出了世界上第一只潜水狗，甚至还训练出了世界上第一只"潜水猫"！

• 宠物猫•"玩潜水"

艾尔巴家的宠物狗穆特雷是宠物猫霍凯尔形影不离的好朋友。当宠物猫霍凯尔看到宠物狗穆特雷经常在游泳池中潜水后，生性怕水的它竟鼓起勇气跳进游泳池，学着狗的样子游起泳来。

艾尔巴看着霍凯尔游泳的样子惊呆了，为了让宠物猫霍凯尔也能享受在水底尽情玩耍的乐趣，艾尔巴也给它设计出了一套"猫咪潜水服"。

据艾尔巴称，当宠物猫霍凯尔穿着潜水服潜到游泳池底部时，它在池底漂浮弹跳的模样就好像阿姆斯特朗刚刚登上月球表面一样。

• "潜水狗" 水底追小鱼

艾尔巴说："霍凯尔爱好潜水，它在水下从不惊慌，显得非常放松，它喜欢浮在水中，从不尝试在水下游泳。但穆特雷就活跃多了，它喜欢在海底追踪小鱼，我甚至看到它在防水头罩中朝鱼儿们汪汪吠叫。"

当宠物狗和宠物猫在海底随心所欲"潜水"的镜头上电视后，人们纷纷和艾尔巴联系，希望为自己的宠物猫和宠物狗也买一套潜水服，但这一要求遭到了艾尔巴的拒绝。艾尔巴担心动物权利组织会对他训练猫狗潜水的行为进行谴责，但艾尔巴强调称，他家的宠物猫和宠物狗潜水时绝对安全，并且它们都非常热爱潜水，他从来没有强迫它们进入水中。

"岩壁芭蕾"——攀岩 〉

　　"会当凌绝顶，一览众山小"。攀岩运动以其独有的登临高处的征服感吸引了无数爱好者。攀岩运动是从登山运动中派生的新项目，也是登山运动中的一项竞技体育项目。它集健身、娱乐、竞技于一体，既要求运动员具有勇敢顽强、坚忍不拔的拼搏进取精神，又需要具有良好的柔韧性、节奏感及攀岩技巧，这样才能娴熟地在不同高度、不同角度的陡峭岩壁上轻松、准确地完成身体的腾挪、转体、跳跃、引体等惊险动作，给人以优美、流畅、刺激、力量的感受。

　　由于登高山对普通人来讲机会很少，而攀爬悬崖峭壁机会相对较多，且更富有刺激和挑战，所

以攀岩作为一项独立的、被广大青少年喜爱的运动迅速在全世界普及开来。这项运动是利用人类原始的攀爬本能，借助各种安全装备，攀登一些岩石所构成的峭壁、裂缝、海蚀崖、大圆石及人工制造的岩壁。由于攀登者在岩壁上稳如壁虎又矫似雄鹰，是一项极具美感和观赏性的运动，被誉为"岩壁芭蕾"。

惊险刺激是攀岩运动最根本的特点，并能充分满足人们要求回归自然、寻求刺激、从中挑战自然、挑战自我的欲望，这是它深受人们喜爱的根源。

人工岩壁的出现，使攀岩发展到既是一项运动又是一项娱乐。在国外，各种攀岩俱乐部到处可见，每年举办大型、小型、室内、室外、成年、青少年、男子、女子等各种不同形式的攀岩比赛和娱乐活动。另外，在一些体育中心、军警训练基地及一些特种部队中也开展了这种训练。

勇敢者的游戏——蹦极 >

蹦极又名俯冲跳，最早起源于南太平洋瓦努阿图群岛中的一个叫彭特科斯特的岛屿。每年春天，岛上都要举行一种仪式。在仪式上，勇敢的小伙子爬上一个高高的木台，把用藤条编成的绳索捆在自己的踝部，然后头朝下跳下来，成功者就会被人们认为有胆量，秋后一定有好收成。

1979年，蹦极开始在城市出现。当时，牛津大学冒险俱乐部的4名队员，为了效仿彭特科斯特岛人的仪式，他们身穿紧身衣，头戴大礼帽从旧金山的金门桥上跳下来，警方当即逮捕了其中的两人，但是为时已晚，很多人闻风而动，这种新奇独特而又极富挑战性的休闲运动从此就诞生了。

随后，许多迷恋者开始热衷于这项新兴运动，从年幼的儿童到年迈的老人，都不乏勇敢者站在悬崖峭壁上接受心理的挑战。

世界最高的蹦极点位于南非东开普省齐齐卡马山中一座名为布劳克朗斯的大桥上，高度为216米，1997年12月开始正式接待游人；第二高的蹦极点在瑞士的一个风景点的缆车上，高度为160米；第三高的蹦极点位于津巴布韦与赞比亚交界的维多利亚瀑布的一座桥上，高度为111米。

最"酷"的运动——滑板 〉

说起滑板运动的起源，这要追溯到20个世纪50年代，一群喜爱冲浪的年轻人想要在陆地上同样体验那种大海中风生水起的感觉，滑板运动由此诞生。最早的滑板是把旱冰鞋捆在木板上，看谁能够在滑板上待的时间最长。经过多年的传承创新，目前滑板运动已经发展成为一项充分考验人们平衡性、灵巧性、技巧性的高体能要求运动项目。

随着滑板运动的开展，滑板技术直追其始祖冲浪运动。盖范特发明了豚跳，使滑板界更注重高技术的表演，产生了诸多如霍克和埃里克·科斯顿等明星。由滑板商、著名公司组织的巡回品牌推广活动，给商家带来巨大利益，已成为工业市场学的常用手法。滑手的泥土感很重的衣着、怀旧球鞋一度成为世界潮流，而

相关音乐也达到了鼎盛，其语言、技巧、服饰和音乐构成了独具特色的滑板文化。由于滑板运动太过惊险、刺激，在20世纪60年代，滑板运动受到美国政府严令禁止，曾一度沦为"地下项目"。一直到美国80年代中期，滑板项目才被政府解禁、重见天日，使得这项都市运动卷土重来。滑板霍克等在许多年轻人眼里无疑是和乔丹、桑普拉斯一样的超级偶像。

滑板运动是以滑行为特色，崇尚自由的运动方式，体验与创造超重力的感受，给滑者带来成功和创造的喜悦。滑板运动不同于传统运动项目，不拘泥于固定的模式，需要滑手自由发挥想象力，在运动过程中创造，以创造力来运动，强调身心的自由，推崇与自然互相融合的运动理念。滑板运动富有超越身心极限的自我挑战性、观赏刺激性、高科技渗透性。人在运动中完善人性，回归自然的本质重新被充分强调，在繁华都市潜藏着一股回归自然、融于自然、挑战自我、天人合一思想境界的运动特色。在欧美各国及各发展中国家，参加滑板运动已经成为都市青年最流行、最持久的时尚，参加极限运动会也已经成为广大都市青年梦寐以求的愿望。

最具童心的运动——放风筝 〉

放风筝是我国民间一种历史悠久的娱乐活动。风筝，北方称"纸鸢"，南方称"纸鹞"。风筝的骨架由细竹扎成，糊薄棉纸，系以长线，利用风力上升空中；形式通常有禽、鸟、虫、鱼等。五代时纸鸢上系有竹哨，声如筝鸣，故称为风筝。风筝在春秋战国时期已流行，宋时盛行于民间，到了清代则成为民间的习俗活动。

我国的风筝历史悠久，做工精良，种类繁多，遍布大江南北，其中尤以北京沙燕风筝、天津软翅风筝、潍坊长串风筝、南通六角板鹞最负盛名，驰名中外。而今，风筝已风靡世界各国，成为世界性的娱乐工具。

阳春三月，业余闲暇之时，祖孙相携，拎着风筝，到郊外旷野，顺风而放。目观风筝随风飘逸，徐徐而起，扶摇直上，在蓝天白云之间自由翱翔，或翩翩飞舞，或追云逐鸟，或游弋嬉戏。此时，必然赏心悦目，乐而忘忧，趣而忘返，神情陶然。"忘年之交"一起放风筝，可使老年人童趣勃发，心情舒畅。

放风筝不仅作为一种娱乐受到人们喜欢，更重要的是它能增进人体健康，因而受到脑力劳动者和慢性病人的青睐。

依据中医理论，春天一到，阳气升发，人体气血便会产生往外透发的趋势。入春之后放风筝是老年人健身的一种极好方式。户外阳光明媚，空气清新，晒晒太阳，呼吸新鲜空气，使血液循环加快，促进人体新陈代谢，自然有利于身体健康。放风筝大都在宽阔的广场、郊野，人们沐浴着和煦的阳光，呼吸着负离子浓度高、氧气充足的新鲜空气，能提高人的免疫能力，促进机体各方面机能，这对许多慢性疾病，如高血压、冠心病等具有防治作用。

放风筝时需要放线收线，前顾后仰，时跑时行，时缓时急，张弛相间，有动有静，手、脑、眼三者协调并用，人的机体各部位也都在不停地运动，这些运动能使身体的相关部位得到充分的舒展，对健身很有好处。

放风筝也有利于健脑益智。风筝在高空随风飘忽，上下翻飞，左右摇曳，为使风筝保持稳定，大脑必须反应敏捷，正确判断，及时调整。此时此刻，其一切

烦恼忧伤，可随风飘逝。难怪一些医学家又把放风筝的健身作用称为"风筝疗法"，并用以治疗抑郁症、神经衰弱、视力减退诸症。

此外，遥望高空随风飘飞的风筝，能益眼力，防近视。许多脑力劳动者及求学时代的青少年，由于常看书、写字，眼睫状肌长期处于紧张收缩状态，既易疲劳，又易导致近视。而遥望远物时，睫状肌松弛，眼内晶状体呈现扁平状态，有利于调节视力，消除眼睛疲劳，预防近视。

随着科技进步和人们对放风筝可以健身的认识，国外诸如"风筝医院"和"风筝疗养所"应运而生。研究认为："风筝疗法"对神经衰弱、精神抑郁症、视力减退、小儿智力不足等均有一定疗效。

放风筝可以陶冶情操，净化心灵。仰观扶摇直上的风筝，可催人奋发向上，意气风发。

双休日里，让我们带上一只美丽的风筝，走向广阔的大自然，去放飞这美好的上天之梦吧！也许你的种种忧愁会被它带入云际，消散于万里晴空。

最古老的娱乐运动——陀螺

　　陀螺的起源因年代久远并无详细记录可供查考，但是在新石器时代的遗址中出土过陀螺，如江苏常州出土的新石器马家窑文化木陀螺及山西龙山文化遗址中出土的陶陀螺；目前文史记载则多以宋朝时出现的一种类似陀螺的玩具为开端，称作"千千"（或称千千车）。

　　宋代苏汉臣（开封人，曾在北宋宋徽宗宣和画院当过待诏，以刘宗古为师，工于释道人物之画，尤其婴戏画更有独创之功力）《婴戏图》中，画面的前方有两个孩童，正打着陀螺玩耍，也证实当时确有倒钟体的陀螺出现，由画面考察，

当时的陀螺应是木制的，像个圆锥体，用绳子缠好了，往地上前抛后扯，陀螺便在地上旋转起来。当它速度慢下来时，再用绳子不断抽打它的侧面，如此便可转个不停。一直到现在，我国北方的儿童在冬季及早春时节还流行这样的玩法，尤其在结得厚实的冰面上抛打，别有乐趣。另外一幅苏汉臣的作品《秋庭戏婴》中，有个推枣磨的道具，利用两个枣子，加上一个剖了一半的枣子作成支架而成枣磨玩具，那是一种旋转、平衡的游戏。游戏时，谁能让枣磨保持平衡、转得久，谁就获胜；这幅画也能证明当时已有多元的

71

陀螺玩具形态出现。

　　明朝《帝京景物略》记载："陀螺者，木制如小空钟，中实而无柄，绕以鞭之绳而无竹尺，卓于地，急掣其鞭。一掣，陀螺则转，无声也。视其缓而鞭之，转转无后往。转之疾，正如卓立地上，顶光旋旋，影不动也。"其小空钟形体、中实无柄、绕以鞭之绳等描述，说明明代晚期的陀螺已跟今日的鞭打陀螺无异。刘侗的诗歌《杨柳活》撰述："杨柳儿活，鞭

陀罗。"这时期"陀螺"一词已正式出现。由此可见，在明朝时期，陀螺这个名词已正式出现于词语上，"陀螺"成为民间儿童们大众化的玩具，且从文句中也可发现，民俗童玩的玩法是具季节性的，打陀螺成为春天的一项流行活动。

　　目前一般常见的传统陀螺，大致是用木头、塑胶或金属制的倒圆锥形状，前端大多为铁制材料，玩者会因不同方式的玩法，将陀螺钉制作成圆柱形、斧头

状或尖锐形，但经时代的演变、科技的改良，大家玩的陀螺花样百出，且玩法创意多变，现在已有各式各样的材质与形状出现。一般来讲，年纪较小的孩童可先从小陀螺玩起，小的陀螺玩具上面有一根突起小木棒，利用像宋朝那样的玩法用手来旋转；稍大的孩童便玩木制陀螺，木制陀螺的材质十分重要，通常是选用硬材，如樟树、龙眼木等。而打陀螺的绳子则要结实，且不会滑动，一般打陀螺的线是用绵绳或细麻绳最合适。钉子的种类则是针形的钉子或前端为圆柱体者，最适宜旋转，也有长菱形的剑钉旋转和劈打都可以，而三角形的斧头钉则只专用劈打别人的陀螺，自己却不太会旋转。在木陀螺方面，由于成年人的参与以及年龄层的分布较广，陀螺愈玩愈大，从数10克到100多千克都有人在玩，若是再结合其他道具共同演出，更是让人耳目一新。

一般人认为打陀螺都是利用木制陀螺来抛掷，即利用棉绳缠绕陀螺后，用手施力将陀螺抛出后，以陀螺钉为轴心旋转的玩具；另外，也有人利用鞭打陀螺的方式，使其继续旋转；而有些厂商为了推广陀螺技艺，增加学习者的学习动机，别出心裁，改用其他方式（利用斗笠、废轮胎、弹簧、摩擦原理、单头铃、齿条等），

制作出许多新颖的与陀螺相关的童玩作品，而且甚至在陀螺身上加装电池及七彩灯炮，让陀螺旋转起来，发出绚丽多姿的彩光，以吸引打陀螺者的目光；另一方面，有的厂商为了使陀螺旋转时发出响亮的声音，将陀螺身挖成中空，陀螺侧身有一长条状小空隙，特殊之处即在这里，当陀螺旋转时就可发出蜂鸣的响声，所以陀螺经过工匠的巧思琢磨，历经时代的演变，科技的改良，现在已有各式各样的材质与形状出现，也更好玩更臻完美。

野蛮与时尚的完美结合——有氧搏击操 〉

有氧搏击操，英文名为kickboxing，最早是由一名黑人搏击世界冠军创造的，近年在国内发展起来。其具体形式是将拳击、空手道、跆拳道、功夫和一些舞蹈动作混合在一起，在激烈的音乐中，进行一些拳击和跆拳道的基本拳法和腿法练习。在出拳、踢腿的过程中，随着音乐挥动双拳，动作刚劲有力，可以尽情地发泄，尽情地流汗。

由于搏击操更重视瞬间的爆发力、感官刺激，如果再加上动感音乐，所以曾经被称作"男人的舞蹈"。但不甘心示弱的女性似乎比男性更快地融入到这项"男人的舞蹈"中。

搏击操动作多变，包括直拳、勾拳、摆拳、正踢、侧踢、侧蹬等搏击动作，随着音乐挥动双拳，动作刚劲有力。击拳时要由肩部带动出拳，在完成击拳和踢腿动作前一直看着目标；避免肘、膝部用力过猛；避免进行闪躲或猛击动作时由于动作过大而脱臼，避免扭转动作。在做每个动作时要求速度和力度的完美结合，要迅猛、有爆发力，所以一节完整的搏击操会消耗600卡热量，是健美操的2

倍。在锻炼全身每一块肌肉的同时，还会加强关节活动能力、身体柔韧度和反应敏捷度。

更重要的是，在跳搏击操时，要求提气，挺胸，腹部、下颚收紧，两手握拳于脸前，保持正常呼吸，但是不屏气。把气从丹田调动起来，含于胸部，以便于集中把力量爆发出来。否则，动作就会软绵绵的，既没有力度和美感，又达不到瘦身效果。坚持含气于胸，本身就是对腹肌的收缩和锻炼，再加上充分调动肌肉群的运动，尤其是搏击操中的所有动作几乎都要求腰腹保持平衡并发力，一节课下来对腰腹部的锻炼就非常充分了。

另外，搏击操要求出拳时腹肌收缩、大吼一声，不但可锻炼到平时不易使用的腰腹肌，用力出拳、大吼大叫都是舒解情绪的好方法，通过这种方法宣泄情绪、减轻压力。

国家级教练提醒大家，若想尝试，一定要注意保护肌腱及韧带，避免拉伤，运动前应先做10分钟热身，让关节、肌肉放松后再开始挥拳，运动后若发现有肌肉酸痛的现象，最好立即冰敷。搏击操运动强度较大，出现腿部疲劳、眩晕、心率过快等情况，则最好停止练习。

女性健身新宠——跆拳道 〉

在许多人眼里，跆拳道是和武术、摔跤、柔道并列的一种对抗较为激烈的运动项目，然而，现在的它却和瑜伽、健美操、芭蕾等艺术活动一起，成为最具诱惑力、现代感最强的健身运动之一，越来越多的年轻人加入到这项运动中来，把跆拳道推向时尚的舞台。有消息说，目前全世界有140多个国家和地区的3000多万人热衷于这项运动。

跆拳道是一项高雅、古老的运动，起源于朝鲜半岛，是韩国的"国术"。所谓跆拳道，就是不用任何武器，通过较为猛烈的精神和肉体训练，锻炼手、脚和身体的各个部位的方法与技术。而现在流行的时尚跆拳道，则集健身、瘦身、减压、自卫于一体，发挥着它更多、更广泛的功效。

跆拳道是集柔韧和锐利、力量性很强的技术一同使用，锻炼身体各部位的全身性运动，同时还需要准确性、速度、力量及控制能力。对于女性来讲，跆拳道不仅是一种具有攻击能力的技术，而且还是一种精美的形体艺术和行之有效的健体、瘦身方法。

跆拳道的许多训练程序与有氧瘦身操相当一致。如从最开始的热身、伸拉，到踢脚靶、直踢、侧踢再到最后对抗战等，都是一种有氧耗脂运动。一般来说，训练两个月后，就能掌握基本的搏击技术，形体也将发生惊喜的变化，大腿与手臂的赘肉都将减少，身材也会更加挺拔。由于跆拳道的发力部位在腰身，所以瘦腰的效果最为明显。

"刚柔相济"太极拳 ＞

太极拳，是综合了历代各家拳法，结合了古代的导引术和吐纳术，吸取了古典哲学和传统的中医理论而形成的一种内外兼练、柔和、缓慢、轻灵的拳术。

太极拳与中国古代道家道教有着千丝万缕的联系。它是中华民族辩证的理论思维与武术、艺术、引导术的完美结合，是高层次的人体文化。太极拳理论，直接来源于道教思想，道教继承和发展老庄道家思想，在重生贵生、尊道贵德宗旨指导下，有一系列养生修身炼己、以求长生久视的锻炼功法，集中且精当地体现在太极拳功法拳理上。在太极拳中，借力打力，"四两拨千斤"，以柔克刚、以静制动，"柔弱胜刚强"都来源于老庄哲学，故太极拳被称为"国粹"。

太极拳的运动特点：中正安舒、轻灵圆活、松柔慢匀、开合有序、刚柔相济，动如"行云流水，连绵不断"。这种运动既自然又高雅，可亲身体会到音乐的韵律，哲学的内涵，美的造型，诗的意境。在高级的享受中，使身心更加健康。

• 练太极拳时要注意以下几点

1. 虚灵顶劲——形容头如顶物，脖颈不可用力。头部要正、直，这样可以使精神能提得起，即"满身轻利顶头悬"的意思。

2. 含胸拔背——胸腹略含，与挺胸翻臀恰好是个对比，但不可过于含胸，过于含胸会防碍肺部的运动。正如太极拳论所云"无使有凹凸处"的道理。

3. 沉肩坠肘——两肩自然下垂，两肘往下松坠，不可耸肩露肘以免气浮。

4. 尾闾中正——腰背不可前俯后仰左歪右斜，应保持中正，即"不偏不倚"。这样可以使腰部运转自如，起到枢纽作用，亦即"主宰于腰"之意。

5. 上下相随—— 上肢与下肢、上身与下身必须配合协调，太极论中有云："其根在脚，发于腿，主宰于腰，形（行）于手指。"也就是说由脚而腿而腰而手。须完整一气，所谓："手动，腰动，足动，眼神亦随之而动。"这样就可以达到"一动无有不动"，周身节节贯串一气呵成。

6. 绵绵不断——自始至终动作不断，周而复始循环无端。如长江大河滔滔不绝，一式将尽一式又起，此谓"运动如抽丝"。亦即太极拳论所云"无使有断续处"之意。

7. 松腰松胯——腰为一身之支柱，胯为一身之动力。腰胯能松开两足才能有力。虚实变化皆由腰胯转动，所以有不得力处，必须从腰胯中求之。

8. 分清虚实——这一要求是太极拳中应特别留意的一项，如全身皆坐在右腿，则右腿为实，左腿为虚。全身坐在左腿，则左腿为实，右腿为虚。虚实能分得清，则全身转动轻灵。如虚实不能分清，则双腿重滞自立不稳。太极拳论云"偏沉则灵，双重则滞"，即是此理。

9. 势势均匀——动作要求平衡而均匀，不可忽快忽慢，忽高忽低。步法不可忽大忽小。由始至终应保持从容和缓运动一致。

10. 气觉丹田——以上九项都能做到，则气不上浮，自然下降至丹田（脐下小腹部），提高了腹式呼吸能力，故虽练完收势而不喘息。它不仅可以预防许多疾病的发生，而且还可以通过锻炼治愈很多种疾病。

　　太极拳的运动，可以使中枢神经系统的高级部分作用加强，因而对机体的新陈代谢功能也得到了促进。所以它对一些慢性疾患，如高血压、肺结核、关节炎、消化性溃疡、神经衰弱及动脉硬化等病都有着一定的疗效。太极拳是健身与预防疾病的很好手段，也是医疗上治病的好方法，在普及提倡锻炼的同时更要提高质量。

古老而神秘的修炼——瑜伽

瑜伽，本意是合一、连接、结合，即中国人所说的天人合一。它是一种非常古老的能量知识修炼方法，瑜伽的基础建筑在古印度哲学上，瑜伽姿势运用古老而易于掌握的技巧，是一种达到身体、心灵与精神和谐统一的运动方式。

瑜伽的最终目标就是能控制自己，能驾驭身体感官，以及能驯服似乎永无休止的内心。感官的集中点就是心意，能够驾驭心意，即代表能够驾驭感官；通过把感官、身体与有意识的呼吸相配合来实现对身体的控制。这些技巧不但对肌肉和骨骼的锻炼有益，也能强化神经系统、内分泌腺体和主要器官的功能，通过激发人体潜在能量来促进身体健康。

- 起源

在古老的印度，高僧们为求进入心神合一的最高境界，经常僻居原始森林，静坐，冥想。在长时间单纯生活之后，高僧们从观察生物中体悟了不少大自然法则，再从生物的生存法则验证到人的身上，逐步地去感应身体内部的微妙变化。于是人类懂得了和自己的身体对话，从而知道探索自己的身体，开始进行健康的维护和调理，以及对疾病、创痛的医治本能。几千年的钻研归纳下来，逐步衍化出一套理论完整、确切实用的养身健身体系，这就是瑜伽。

- 前古典时期

由公元前 5000 年开始，直到《梨俱吠陀》的出现为止，3000 多年的时期是瑜伽原始发展、缺少文字记载的时期，瑜伽由一个原始的哲学思想逐渐发展成为修行的法门，其中的静坐、冥想及苦行，是瑜伽修行的中心。

- 古典时期

由公元前 1500 年《吠陀经》笼统地记载下来，到《奥义书》明确地记载瑜伽，到《薄伽梵歌》出现，完成了瑜伽行法与吠檀多哲学的合一，使瑜伽这一民间的实践变为正统，由强调行法到行为、信仰、知识三者并行不悖。大约在公元前 300 年时，印度圣哲帕坦伽利创作了《瑜伽经》，印度瑜伽在其基础上真正成形，瑜伽行法正式定为八支体系。帕坦伽利被尊为瑜伽之祖。

- 后古典时期

由《瑜伽经》以后为后古典瑜伽，主要包括了"瑜伽奥义书"、密教和诃陀瑜伽。"瑜伽奥义书"有 21 部，在这些"奥义书"中，纯粹认知、推理甚至冥想都不是达到解脱的唯一方法，它们都有必要通过苦行的修练技术所导致的生理转化和精神体会，才能达到梵我合一的境地。因此，产生出了节食、禁欲、体位法、七轮等，加上咒语是后古典时期瑜伽的精华。19 世纪的克须那摩却那是现代瑜伽之父。其后的爱恩加和第斯克佳是圣王瑜伽的领导者。另外，印度锡克族的"拙火瑜伽"和"湿婆阿兰达"瑜伽也是两个重要的瑜伽派别，一个练气一个练心。

• 现代发展

　　瑜伽发展到了今天，已经成为世界广泛传播的一项身心锻炼修习法。瑜伽在全球范围内，因为它对心理的减压以及对生理的保健等明显作用而备受推崇。同时不断演变出了各种各式的瑜伽方法，比如热瑜伽、哈塔瑜伽、高温瑜伽、养生瑜伽等，以及一些瑜伽管理科学。

　　瑜伽有若干派系，主要有下面几个：哈塔瑜伽、王瑜伽、奉爱瑜伽和语音冥想瑜伽。

　　哈塔瑜伽——强调体位法、调息和洁净功，适合初学者练习，简单又安全。

　　王瑜伽——又称八分支法瑜伽，是由姿势锻炼、呼吸、冥想等 8 个方面组成的瑜伽体系。

　　奉爱瑜伽——此派系属于宗教性质，主要是修炼心灵，崇拜奎师那。

　　语音冥想瑜伽——通过语音，进行冥想，是一种简单有效的放松和平静心灵的方法。

体操与舞蹈相结合的运动——健美操 ＞

健美操主要由体操和舞蹈动作相结合，配合节奏明快的音乐创编而成。长期跳健美操，可以活动全身各关节、肌肉，增强关节活动性和肌肉的供氧能力，健美形体，锻炼心血管功能，提高有氧耐力，增强身体的协调性、平衡性、锻炼神经功能。同时，在音乐的伴奏下配合肌肉运动，又能调理情绪，愉悦身心，促进心理健康。

初跳健美操应根据自身的体质和控制能力，有选择地安排锻炼的速度、力度和时间等。初学者跳操时心率以130次/分或150次/分为佳，总时间不超过40分钟。有了一定基础，负荷强度和负荷量可适量增加，但是心率最高不能超过150次/分。

跳健美操时动员的关节和肌肉群多，要做好充分的准备活动，防止运动损伤。运动中，动作速度要配合节拍，做出力度；跳操结束要做好整理运动，加强健身效果；最好选择在空气新鲜的地方锻炼；每周操课可以交替几门，比如健身操、踏板操、拉丁操等；男士不妨也去操房，让身体的柔韧性、协调性等得到充分的锻炼。

最受年轻人欢迎的运动——街舞 ＞

街舞是一种民间舞蹈，兴起于20世纪80年代的美国黑人青少年，是美国黑人"嘻哈文化"（Hip-Hop）的组成部分。由于这种舞蹈出现在街头、不拘于场地器械，所以称为街舞，并且具有极强的参与性、表演性和竞赛性。在逐渐的发展中，街舞青少年形成了一种共同的思想理念和行为方式，他们以街舞来张扬自我个性，展示青春的活力和激情，表达勇于进取的生活态度，他们坚持的是"做自己，享受生命，勇于挑战"的理念。

随着嘻哈文化在世界的普及，街舞也迅速传遍世界。街舞成形之际就已传入日本，并转而传入韩国。日本人创造并发展了许多新的街舞形式，比较注重其中的舞蹈性。而韩国人将街舞融入自己的理解，创造了极具民族特点的嘻哈变体文化：青春靓丽的歌舞组合，旋律优美、节奏明快的音乐，简单整齐的舞蹈，绚丽夸张的造型……这种文化自1997年开始风靡中国。日韩这种嘻哈变体文化形成对亚洲其他国家强大的文化影响力。

• 街舞的种类

以动作为标准，街舞分两大类：Hip-Hop 和 Breaking（地板霹雳舞）。

Breaking：技巧型街舞，要求舞者具有较高的力量、柔韧性和协调性，属于技巧性较高的体育舞蹈，所以最先为国内青少年所喜爱。跳这种类型舞蹈的青少年叫做 B-Boy 或 B-Girl。

20 世纪 80 年代，被称为"Hip-Hop 之父"的库尔·贺克创造了 B-Boy 的概念，也就是 Breaking Boy。每年，许多国家有为 B-Boy 们举办的比赛，较有名的是每年一度的 BOTY 和在英国举办的 B-Boy·Champion，超过 10 个国家的百名参赛选手会参加这样的盛事。比赛的优胜者很快就会声名远播，成为青少年的明星。

Hip-Hop：舞蹈型街舞，有多种风格。它们都不用 Breaking 那样需要较高的技巧，但更要求舞者的动作协调性和舞感，以及肢体灵活性和控制力。好的 Hip-Hop 舞者同样需要艰苦的练习。由于 Hip-Hop 不如 Breaking 那样技巧性强，也缺乏竞赛性，以前没有受到街舞爱好者足够的重视，现在随着舞蹈观念的增强，这种情况得到了改变，甚至 B-Boy 也开始练习并出现了许多全能型的街舞好手。

最具诱惑力的运动——风情拉丁舞 〉

拉丁舞的起源：古巴是拉丁舞和拉丁音乐的发源地。最初，拉丁的音乐和舞蹈是人们庆祝胜利或丰收的一种表达方式，后来渐渐发展为年轻人相互表达爱慕之情的一种方法。在其发展的过程中，拉丁舞曾因为动作过于热情、表达情感过于直率，又没有任何约束而受到排斥，但这并没有影响到拉丁舞的发展，令人无法抗拒的魅力终使拉丁舞风靡世界。很多人曾经因为无法模仿拉丁舞中没有规

律的节奏及动作变化而苦恼，后来出现的恰恰舞正是为解决此问题的产物。

拉丁舞类中有伦巴舞、恰恰恰舞、桑巴舞、斗牛舞和牛仔舞5个舞种。

伦巴舞起源于古巴，音乐为4/4拍，速度每分钟27小节左右。伦巴舞的特点是：音乐缠绵，舞态柔美，舞步动作婀娜。古巴人习惯头顶东西行走，以胯步向两侧的扭动来调节步伐，保持身体平衡。伦巴的舞步秉承了这一特点。它原始的舞蹈风格，融进现代的情调；动作舒展，缠绵妩媚，舞姿抒情，浪漫优美，配上缠绵委婉的音乐，使舞蹈充满浪漫情调。

恰恰舞起源于墨西哥，音乐为4/4拍，速度每分钟31小节左右。恰恰舞音乐有趣，节奏感强，舞态花哨，舞步利落紧凑，在全世界广泛流行！

桑巴舞起源于巴西，音乐为4/4或2/4拍，速度每分钟51小节左右。桑巴舞，音乐热烈，舞态富有动感，舞步摇曳多变，深受人们的钟爱！

斗牛舞起源于法国，发展于西班牙，它的音乐为2/4拍，速度每分钟62小节左右。斗牛舞音乐雄壮、舞态豪放、步伐强悍振奋，是人们对它情有独钟的原因。

牛仔舞起源于美国，是由一种叫"吉特巴"的舞蹈发展而来，牛仔舞剔除了"吉特巴"中所有的难度动作，增加了一些技巧。最早对牛仔舞的记载是由伦敦舞蹈教师维克托于1944年在欧洲出版的一本介绍牛仔舞的书。波普、摇滚、美国摇摆舞都对牛仔舞有着一定的影响。

牛仔舞是一种节奏快、耗体力的舞。在比赛中牛仔舞之所以被安排在最后跳是因为选手们必须让观众觉得，在跳了前4个舞之后他们仍不觉得累，还能很投入地迎接新的挑战。

牛仔舞流行于美国南部。跳牛仔舞时手脚关节放松、自由地舞蹈，身体自然晃动，脚步轻松地踏着，且不断地与舞伴换位，转圈旋转。

牛仔舞音乐节拍为4/4拍，速度每分钟43小节左右。牛仔舞以其音乐欢快、舞态风趣、步伐活泼轻盈的特点正得到越来越多人的喜爱！

● 运动健身注意事项

　　进行体育活动，不可避免的要受到天气的温度、湿度和空气质量的影响。体育锻炼有益于人体健康，但如果不了解运动健身应该注意哪些事项，就会适得其反。如在被污染的环境中运动，由于运动时呼吸量增加，会增加污染物质的吸入。尤其是在大雾等天气，污染不容易扩散，导致其浓度增加，剧烈运动会引起急性中毒。因此，应了解一些运动健身的注意事项。

春季健身 〉

一年中，冬春交替的头一两个月，空气污染最严重。当地面温度低于高空温度时，空中形成"逆温层"，像盖子一样压在地面上方，空气中各种污染物不易扩散。在晚间和冬、春季节"逆温层"都比较厚，阻碍着污浊空气稀释扩散；太阳出来后，地表温度上升，污浊空气随"逆浊层"上升而消散。所以上午10时和午后地面空气是比较清洁的。因此，在春季，晴朗的日子可延长锻炼时间，加大运动量；要到空气比较清新的环境里锻炼，少去公路、街道上锻炼；要充分利用中午、下午时间进行锻炼，早晨可适当多睡一会儿。

一年之计在于春，春季锻炼"广步于庭，披发缓行"，古人早已提倡，小运动量的活动在春季最为适宜。

中医理论认为，在春季，人体阳气舒发，经脉松弛，养生的关键是要保护人体的阳气，促进人体养阳和生长。所以，春季运动量不宜太大，因为运动量过大，出汗过多，不仅可引起体内水失衡，汗液还会带走体内一些珍贵的微量元素，这是得不偿失的。中医有"汗为心之液""汗

91

血同源"之说，汗的大量耗费，会损人心血，损人阳气，与养生不利。另外，汗出得多，也易感风寒而诱发感冒，影响健康。

总而言之，春季运动健身要注意合理安排、循序渐进，主要以自我感觉良好为标准。在早晚气温偏低的早春，健身活动的时间尽量选择在下午3点以后，这时气温是一天中最高的。活动热身以后要适量脱去一些衣服，锻炼完后要及时穿衣保暖。应该尽量多在空气环境比较好的户外进行运动。工作或学习之余进行体育锻炼，还应注意休息，保证睡眠。只有动与静适当结合，才能起到缓解压力、愉悦心情、增进健康之效。

春季，天气转暖，人体内的阳气经过一冬的闭藏，会随着春阳生发之势而动，这时应该多参加一些户外锻炼。保健专家提醒说，春季虽然是健身的好时节，但公众在运动健身时要注意4个"禁忌"！

首先，没有任何一种运动是人人皆宜的，要根据自己的身体状况选择适合自己的运动项目。如果盲目地选择运动

项目，不仅不会达到健身的目的，相反还会对身体不利。比如身患高血压或糖尿病的老人参加快跑就会对身体不利。

另外，春季虽然天气已经开始转暖，但气温还是很低，所以锻炼时要注意，肢体不要过于裸露，以免造成关节方面的损伤。运动过后，如果衣服潮湿，要及时更换衣服，以防着凉感冒。其次，最好的锻炼时间是在黄昏和晚间，因为太早到户外运动有很多弊端，并且有研究证明，晚练比晨练更好。因为上午人体多数节律都处于上升阶段或者已达高峰，运动会加快节律的运行，造成"高上加高"，导致节律的不稳定。下午人体节律处于下降阶段，适当运动可以加速运转，并且下午和晚间花木绿荫处都聚积了大量的氧气，此时的空气比较干净，所以选择在下午或晚间锻炼会更好。最后，春季锻炼时强度不宜太大。春练的目的是通过运动来强健体魄，不需要进行高强度的剧烈运动，以避免由于过度运动和损耗而对人体养阳和生长产生不利影响。春季健身时以不出汗或微出汗为佳。若运动量过大，则会使津液消耗过多，损伤阳气。另外出汗过多，毛孔开泄，易受风寒。

夏季健身 〉

　　夏日健身，就意味着运动会消耗身体更多营养物质，所以健身者一定要注意补水，因为炎热的天气里，普通健身者在30摄氏度的温度下进行1个小时较大量的运动，汗液排放量便可达到3升以上，如果不及时补充水分，那么在夏季人们健身的时候，身体一旦出现脱水，健身者便会出现疲劳、厌食、头晕、恶心、肌肉痉挛，甚至昏厥等症状。那么夏季健身该如何正确补水呢？

　　首先对运动强度不高的健身者来说，出汗量不会很大，只要在运动前后各喝1~2杯水即可。一般而言，对以减肥为主要目的的健身者来说，健身者在运动前应喝1杯水，运动中应每隔30分钟喝1杯水，运动后应再喝1杯水。如果条件允许，应在水中稍微加些盐，口感有淡淡的咸味即可。这样做可保持健身者的身体内环境稳定，使运动带来的脂肪燃烧作用能够充分发挥。其次对大运动量的健身者而言，运动前应喝2杯水，运动中应每隔20分钟喝一杯水，水中不但要加少许的盐，还要多添加些糖。如果条件允许，最好能够添加一些蜂蜜。这样可以使健身者能够在运动中保持足够的血糖，使

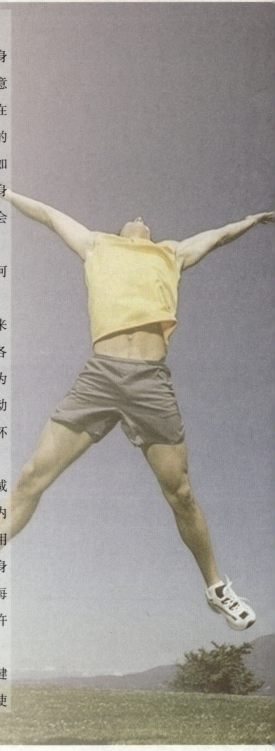

肌肉获得良好的做功能力。

夏季健身时，除了要注意补水之外，还应该为自己的身体多补充一些矿物质。因为在健身者做运动的时候，很多矿物质会随着汗水丢失，其主要成分为钾和钠。建议健身者可以通过多食用水果或蔬菜来增加矿物质的摄取。如香蕉、橘子等水果，或花椰菜等蔬菜。

初夏，天气正越来越热，但很多市民仍在进行强度较高的健身活动，以图瘦身、穿衣服有型。但是其中部分人由于不合理运动致使血糖偏低、抵抗力下降，轻者头晕，严重的出现昏厥。专家提醒市民，夏季健身体能消耗大，选择适宜的运动项目、适量的运动强度结合合理的饮食才能真正起到健身的目的，大量不合时宜的运动以及饮食习惯对身体无益。

夏季气温高，人体消耗大，身体消耗常得不到及时的补充，身体往往比较虚弱。过量运动会致使血糖偏低、抵抗力下降，严重的则会导致昏厥，对健康反而不利，所以夏季健身尤其要把握运动量，最好每天坚持30到45分钟的运动，30分钟最佳，而有减肥意愿的市民可以将运动时间延长到40分钟左右。

在运动项目的选择上，游泳是夏季最好的健身项目，游泳不但可以起到全身锻炼的目的，而且可以起到降暑的作用。其他如泡温泉、健身操、瑜珈及机械锻炼等等都是不错的室内运动健身项目。早晚日照不是很强的时候，一些适量的有氧运动如跑步、散步、网球、骑自行车等对健康也是很有益的。早晨锻炼有助于促进血液循环，傍晚健身有助于睡眠。同时，户外运动尤其要预防吹冷风患感冒，注意防晒，运动前最好涂上防晒霜。

在饮食的搭配上，由于运动后人体内能源物质、维生素和矿物质大量消耗，尤其是夏季消耗更大，所以市民在健身后一定要多补充蛋白质、维生素等身体必需的营养元素，饮食上最好荤素搭配，多喝白开水。可以少吃多餐，多吃水果和蛋白质含量较高的食品，运动完后最好别吃太油腻的东西，吃含水分高的食物有助于及时补充身体水分。但是运动后一定不要立即冲冷水澡，因为运动导致毛孔张开，冷水刺激很容易引起感冒等病症。

秋季健身 〉

秋季健身，既能放松神经，又能锻炼身体。但由于秋季早晚温差大，气候干燥，要想收到良好的健身效果，必须注意相关的事项。

一、要预防运动拉伤，因为人的肌肉和韧带在气温较低的情况下会反射性地引起血管收缩，黏滞性增加，伸展度降低，关节的活动幅度减小，神经系统对肌肉的指挥能力下降，锻炼前若不充分做好准备活动，会引起关节韧带拉伤、肌肉拉伤等。准备活动的时间和内容可因人而异，一般以做到身体发热为宜。

二、防止受凉感冒和运动过度，秋日清晨气温低，不可穿着单衣去户外活动，应根据户外的气温变化来增减衣服。锻炼时不宜一下脱得太多，应待身体发热后脱下过多的衣服。锻炼后切忌穿着汗湿的衣服在冷风中逗留，以防身体着凉。此外，秋天虽说是锻炼的好季节，但运动量不宜过大，运动宜选择轻松平缓、活动量不大的项目。

三、要注意防秋燥，秋天气候干燥，

温度较低，是肝气偏旺、偏衰的季节，易引起咽喉干燥、口舌少津、嘴唇干裂、鼻出血、便秘等症。对于运动者来说，每次锻炼后应多吃些滋阴、润肺、补液生津的食物，如梨、芝麻、蜂蜜、银耳等。

四、如运动时出汗过多，可在开水中加少量食盐，以维持体内酸碱平衡，防止肌肉痉挛，补充时以少量、多次、缓饮为准则。此外，如进行长跑锻炼，还要饮用适量的糖开水，以防低血糖，出现头晕、出虚汗、四肢乏力等不良生理反应。

五、俗话说"春困秋乏"，所以秋季健身要量力而行，不可逞强好胜，否则累得筋疲力尽，精神不振，很容易发生意外。如果在运动后已经休息了一段时间仍感到头痛、头昏、胸闷时，就是运动过量了，下次要减少运动量和运动强度。

冬季健身 〉

很多朋友有每天锻炼的好习惯,在寒冷的冬天,这样的习惯也没有因季节的变化而中断。冬季进行适当的锻炼,可以御寒抗病、磨练意志。但是,冬季锻炼如果不当,很容易给自己的身体带来负面的影响,所以掌握冬季锻炼的一些安全知识很重要。

室外锻炼时,人体的肌肤暴露在寒风中,容易使肌肉关节变硬,暴露部分的血管收缩,血液循环能力降低。因此,进行锻炼的时候,应该穿上保暖、轻柔的运动服装,对于暴露在外的手、鼻、眼、耳等部位也要保护好,以防冻伤。

冬季锻炼前的准备活动特别重要,尤其进行较强的体育活动时,要用平时2~3倍的时间进行准备活动,这样能有效防止肌肉和关节受伤。准备活动主要是活动四肢关节和肌肉,还可以上下跳动来增加体温和身体的柔软性。

冬季野外锻炼对于人体的体能消耗较大,容易疲劳,锻炼前最好事先定好合适的运动量。对于心脏病、高血压患者在温度骤降的天气里进行锻炼要特别的小心,最好尽量避免剧烈的野外运动,天气条件不好时,进行室内锻炼也同样会取得良好的运动效果。

● 运动赛事

现代体育赛事的起源清楚地反映在古代文明所创造的形式里。希腊、中国、埃及的早期文化对组织体育运动的重视从根本上导致了现代体育产业的存在方式，而层次不同、规模不同、范围不同的运动赛事便是其中重要的组成部分。本章介绍了一些世界著名的运动赛事，包括奥运会、世界杯、F1等。

奥运会简介 〉

● 古代奥运会的产生

奥运会的全称是"奥林匹克运动会"，"奥林匹克"一词源于希腊的地名"奥林匹亚"。奥林匹亚位于雅典城西南约360千米的阿菲斯河山谷，这里风景如画，气

候宜人。古希腊人在这里建起了许多神殿，因此，古人把这块土地叫作阿尔菲斯神城，也称"圣地"奥林匹亚，依当时的信念，它象征着和平和友谊。

古代希腊和地中海区域其他国家的人们在祭典和收获季节，常常举行盛大集会，并进行各种游戏和竞技活动，热闹非凡。最初这项活动分散在各地，也不定期，但以奥林匹亚的集会最为盛大。

公元前884年，古希腊爆发战争，各地战火连绵，瘟疫成灾，农业歉收。希腊平民非常渴望和平，怀念当年的那种庆典活动。于是，奥林匹亚所在的伊利斯城邦国王联络其他几个城邦的国王，达成了一项定期在奥林匹亚举行运动会的协议，并规定在运动会年实行"神圣休战日"。"神圣休战日"期限是3个月。在这期间，任何人不得动刀兵。即使正在交战的双方，也得放下武器，准备去奥林匹亚参加运动会。从此，就产生了全希腊性的赛会。到公元前776年，第一次用文字记录下获奖者的全名。这就是后人所说的第一届古希腊运动会。之后，这种赛会每4年举行一次。因为比赛地点在奥林匹亚，也称它是古代奥林匹克运动会，简称古代奥运会。从公元前776年到公元343年，古代奥运会被罗马帝国的皇帝废除为止，古代奥运会一共举行了293届。

了解运动的真谛

奥运会会歌 >

　　现代首届夏季奥运会于1896年4月6日在雅典开幕,开幕典礼中,演奏了一曲庄严的古典弦乐,1958年国际奥委会将它定为奥运会会歌。奥运会会歌作曲者为希腊萨马拉斯,作词者为帕拉马斯。

奥运会会旗 >

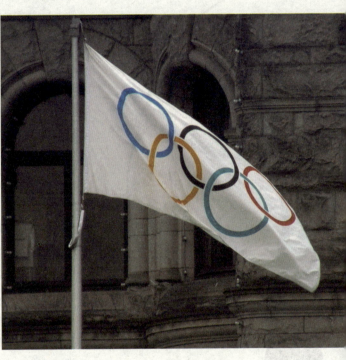

　　1913年,法国人顾拜旦建议设国际奥委会会旗,并设计为白底,无边,中央从左至右有蓝、黄、黑、绿、红5个套连圈环,依次代表欧亚非澳美5洲,白底意指所有国家都能在自己旗帜下参赛。1914年7月,奥林匹克大会首次悬挂奥林匹克旗。1920年,举办第5届夏季奥运会的比利时奥委会赠送国际奥委会一面同样的旗,奥运会旗悬挂,后成定制,历届奥运会开幕由上届举办城市转交此旗,由举办城市保存,比赛期间主运动场仅悬挂借用品。1952年,奥斯陆市赠送国际奥委会冬季奥运会旗,交接、保存和使用方法与夏季奥运会相同。1970年,国际奥委会在《奥林匹克评议》第4期上对会旗赋予新含义:它象征五大洲团结,全世界的运动员以公正、坦率的竞赛和友好精神,在奥运会上相聚一堂。

奥运圣火 >

1934年，国际奥委会雅典会议决定恢复古奥运会旧制，奥运会期间主体育场燃烧奥林匹克圣火，圣火火种取自奥林匹克，采用火炬接力方式传到主办国，在此之前1928年的第9届奥运会在荷兰的阿姆斯特丹市的主体育场上自始至终有一高塔燃着熊熊的焰火。火种用聚光镜集阳光点燃而成，然后通过接力传送经4个国家至东道国主办地，这是奥运会首次举行这种活动。1936年7月20日，奥林匹亚为第11届夏季奥运会举行点火仪式后，每人手持火炬跑1千米的接力，经保加利亚、南斯拉夫、匈牙利、奥地利、捷克斯洛伐克，8月1日传到柏林，全程3075千米，参加接力的共有3075人。从这届起，国际奥委会正式规定点燃奥林匹克火焰是每届奥运会开幕式不可缺少的仪式。此外，燃点圣火是为了纪念一次大战中牺牲的战士，而火炬传送则象征在世界各地传播和平和友谊。

奥运会类型 〉

现代奥林匹克运动：自19世纪初开始，不断有人尝试恢复奥运会。直到19世纪末，在法国贵族顾拜旦及其他奥运先驱者的努力下，现代奥林匹克运动终于登上历史舞台。1894年6月16日，顾拜旦精心设计和主持的首次"国际体育教育代表大会"在巴黎kf开。此次大会通过决议复兴奥运会，规定此后每隔4年举办一次奥运会；选出由15人组成的国际奥林匹克委员会。顾拜旦起草国际奥委会章程，阐述了奥林匹克运动的哲学基础、教育和美学意义，奠定了奥林匹克运动的理论基础，使奥林匹克运动发展成为持久的体育与和平运动。这次大会标志着现代奥林匹克运动的诞生。顾拜旦则被人们誉为"现代奥林匹克之父"。

残疾人奥林匹克运动会（简称残奥会）始办于1960年，是由国际奥委会和国际残疾人奥林匹克委员会主办的、专为残疾人举行的世界大型综合性运动会，每4年于夏季奥运会后举办一届，迄今已举办过12届。冬季残奥会自1976年举行以来已经举办了9届，参赛运动员总人数接近4000人。比赛项目有高山滑雪、越野

滑雪、冰上雪橇球、轮椅体育舞蹈等4个大项，每个大项中又包括若干小项。

冬季奥林匹克运运会（简称冬奥会）：19世纪末至20世纪初，一些冰雪运动在欧美国家逐渐得到普及和发展。在冰雪运动日益普的情况下，现代奥运会创始人顾拜旦建议单独举办冬奥会，但1901年因故拖延。

1908年伦敦奥运会上增加了花样滑冰项目。1920年安特卫普奥运会上，国际奥委会增加了冰球项目。花样滑冰和冰球加入奥运会后引起了观众的极大兴趣，但因天气条件给组织者带来诸多不便，尽管这两个项目都提前在4月份进行，但大多数比赛和奥运会的开幕式在8月中旬才举行。这使得一届奥运会要长达5个月的时间，在人力、物力上耗费太大。鉴于此，人们倾向于把冰雪项目从奥运会中分离出来，单独进行冰雪项目的奥运会。

正式的冬奥会始于1924年。当时，在法国夏蒙尼市承办了当时被称为"冬季运动周"的运动会，2年后国际奥委会正式将其更名为第一届冬奥会。冬奥会

105

最初规定每4年举行一次，与夏季奥运会在同年和同一国家举行。从第二届冬奥会——1928年圣莫里茨冬奥会开始，冬季奥运会与夏季奥运会的举办地点改在不同的国家举行。1994年起，冬奥会与夏奥会以2年为相隔交叉举行。

特殊奥运会：特殊奥林匹克运动，是基于奥林匹克精神，专门针对智障人士开展的国际性运动训练和比赛。特殊奥林匹克运动会包括本地、国家、洲际和世界等不同级别。其中，世界特殊奥运会每2年举办一届，夏季和冬季交替举行。中国上海曾于2007年举办过夏季特奥会。

听障奥运会：前身为世界聋人运动会，第一届于1924年在法国巴黎举行。随后，参赛的国家和人数不断增加，竞技水准也不断提升。2001年5月，国际奥林匹克委员会鉴于在国际聋人体育联合会主导之下的世界聋人运动会办得极具规模且具有聋人文化的特色，决议同意更名为听障奥林匹克运动会，并于2001年7月意大利罗马第19届起实施。

青年奥运会：青年奥运会是一项专为年轻人设立的体育赛事，糅合了体育、教育和文化等领域的内容，并将为推进这些领域与奥运会的共同发展而扮演着一个催化剂的作用。2007年7月5日，国际奥委会在危地马拉城的第119次国际奥委会全会上同意创办青年奥运会，运动员的年龄需在14至18岁之间。

现代奥运会的奠基人 〉

　　顾拜旦是现代奥运会的奠基人。他出生于法国贵族家庭，中学毕业后入巴黎大学攻读法律、政治，后又去英国深造，学习教育学。当时英国的户外体育对顾拜旦震动很大，他立志回去要改变法国对体育的漠不关心，他更向往的是扩大世界的体育交流。1863年，顾拜旦提出举办类似古奥运会的比赛，但不是照搬，而是把过去只限于希腊人参加的古奥运会扩大到世界范围。尽管顾拜旦的主张遭到一些反对派的杯葛，但在他不懈努力下，1894年6月16日终于有20个国家派代表在法国巴黎召开了"国际体育教育代表大会"。1894年6月23日晚，委员会正式宣布成立国际奥林匹克委员会，6月23日这一天，对世界体育运动的发展，对奥林匹克运动都具有划时代的意义。不少国家把这一天作为体育节日，中国也于1986年将这天定为奥林匹克日。

> **从桂冠到金牌**

第1届现代奥运会，只奖励每个项目的前两名。第1名获得橄榄枝编成的花冠和银牌，第2名获丹桂枝编成的花冠和铜牌。授奖仪式是在运动会的最后一天举行的，由希腊国王乔治一世亲自授奖。橄榄树在古希腊是神圣的象征，橄榄神受到人们的顶礼膜拜。传说智慧女神雅典娜和海神波赛冬争当雅典的保护神，波赛冬出示了战马，雅典娜出示了象征和平的橄榄枝，诸神都期望和平，所以支持雅典娜当了雅典城邦的保护神。古希腊人还把月桂看作圣洁的象征，用来献给太阳神，献给竞技运动的优胜者。有些国家还把桂冠赠给出色的学者和诗人。这一点倒和我们国家的传统有些吻合，我国自古就用"蟾宫折桂"来比喻科举及第、赛场得胜的人。

1904年，国际奥委会决定奖励前3名选手，并分别授予金、银、铜牌，升起他们所在国的国旗。第1名还会得到一根橄榄枝。

1912年的第5届奥运会，瑞典国王古

斯塔夫给冠军授奖并为他们戴上桂冠，两位王子授2、3名以银牌和铜牌。不过那时的仪式和现在相反，因为没有领奖台，所以授奖都站在一个平台上，而获奖者却都在台下。

奥运会的奖牌起初并没有统一的规格。自1928年的第9届奥运会开始，才对夏季奥运会的奖牌图案、大小、质量作出统一规定。奖牌直径最少60毫米，厚3毫米。金牌和银牌为92.5%的纯银制成，金牌表面至少有6克纯金镀层。奖牌的图案是：正面为一名女运动员，右手举花，左手抱橄榄枝，象征友爱、和平和团结，左上侧是届数、地点和年代字样；背面为一些运动员抬起一位招手致意的获胜男运动员，表示欢庆胜利的景象。1968年起奖牌上还标出获得奖的项目名称，1972年开始刻上获奖者的姓名。冬奥会的奖牌至今仍无统一规定。

失败的英雄 >

1908年第4届奥运会的马拉松比赛，由于天气炎热，不少运动员退出了比赛。意大利的比德里一直在坚持着，当他跑到距终点只有40米时，再也坚持不住了，突然昏倒在地。场边的医生赶紧跑上前来，对他进行急救。这时，比德里清醒过来，推开医生摇摇晃晃地继续向前跑，全场观众都为他加油。他毕竟已筋疲力尽，在距终点15米的地方又倒下了。一位好心的裁判和一名记者把他扶起来，走到了终点，比第二个到达终点的美国人海斯快了30秒。全场观众对他报以热烈的掌声。但由于那最后15米是在别人帮助下完成的，所以海斯得了冠军。为了表彰比德里的顽强精神，大会授予他"真正胜利者"的称号，英国女王以自己的名义奖给比德里一枚同海斯一样的金牌。

1964年的东京奥运会上，斯里兰卡

运动员拉那图岗在1万米比赛中，被其他运动员拉下了整整三圈！顽强的拉那图岗坚持着跑到了终点。当然，最后三圈在整个跑道上只有他一个人，开始时人们并没有怎么注意他，但不久人们就被拉那图岗的行动感动了，向他鼓起掌来，掌声越来越响。最后看台上的8万观众全体给他加油，用有节奏的掌声伴他到达终点。那拉图岗激动地说："我这是第一次参加国际比赛，第一次得了最后一名，但也是第一次得到这么热烈的掌声。对我来说，这比得到奖牌还高兴。"

英国著名运动员、欧洲男子400米跑冠军德瑞克，在1992年巴赛罗那奥运会半决赛中，刚跑完150米就肌肉拉伤突然摔倒，其他选手风驰电掣般从他身旁掠过跑完全程。德瑞克爬起来，用单脚向终点跳去，全场观众向他欢呼。距终点还差100米时他又摔倒了，他的教练吉米跑上去劝他退出比赛，德瑞克拒绝了。他挂着满脸的泪珠，忍受着巨大的痛苦，跳到了终点，用时达4分多钟！

这才是令人钦佩的运动员，这才是真正的奥林匹克精神！

夏季奥运会举办地 〉

届次 举办城市 举办国 年份 备注

1 雅典 希腊—1896

2 巴黎 法国 —1900

3 圣路易斯 美国—1904

4 伦敦 英国—1908

5 斯德哥尔摩 瑞典 —1912

6 柏林 德国—1916 因第一次世界大战未办

7 安特卫普 比利时— 1920

8 巴黎 法国—1924

9 阿姆斯特丹 荷兰 —1928

10 洛杉矶 美国—1932

11 柏林 德国—1936

12 赫尔辛基 芬兰—1940 因第二次世界大战未办（原举办城市名日本东京）

13 伦敦 英国—1944 因第二次世界大战未办

14 伦敦 英国—1948

15 赫尔辛基 芬兰—1952

16 墨尔本 澳大利亚 —1956

17 罗马 意大利—1960

18 东京 日本—1964

19 墨西哥城 墨西哥 —1968

20 慕尼黑 联邦德国—1972

21 蒙特利尔 加拿大 —1976

111

了解运动的真谛

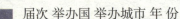

冬季奥运会举办地 〉

世界杯 〉

　　世界杯，又叫国际足联世界杯、世界足球锦标赛，是世界上最高荣誉、最高规格、最高水平的足球比赛，与奥运会并称为全球体育两大顶级赛事，是影响力、转播覆盖率超过奥运会的全球最大体育盛事。世界杯是全球各个国家梦寐以求的神圣荣耀，哪一支国家足球队能得到它，就是名正言顺的世界第一，整个世界都会为之疯狂沸腾；世界杯上发挥出色的球员甚至会被该国奉为民族英雄永载史册，所以它亦代表了各个足球运动员的终极梦想。世界杯每4年举办一次，任何国际足联会员国（地区）都可以派出代表队报名参加这项人类最伟大的赛事。

113

世界杯比赛的创建 ＞

1904年5月21日，国际足联的第一任主席法国人罗贝尔·盖兰，第一次向各国足坛领导人提出了创建世界杯想法，并责成其秘书长荷兰人希尔施曼为此起草一份文件。但由于表示愿意参加的国家不多，这项计划流产了。

第一次世界大战结束后，巴黎红星队的创始人雷米特先生当选为国际足联主席，他又重新开始了这项搁浅的计划。他向各国足球界领导人作了大量的说服工作，竭力证明：一项世界性的足球比赛完全可以同顾拜旦创立的奥运会比赛并行不悖，并且能够兴旺发达。他苦口婆心，耐心之至。1925年，在布鲁塞尔的一家饭店内，乌拉圭外交官布埃罗代表两届奥运会足球冠军得主乌拉圭队，正式对雷米特表示支持，这在当时起了

不小的作用。

1926年12月10日，国际足联在巴黎召开了一次工作会议，瑞士、匈牙利、法国、奥地利、德国等许多国家都派代表参加了这次会议。4个月后，会议的草案被提交给各国足协。1927年6月5日，在国际足联召开的赫尔辛基会议上，以23票赞成、5票反对(北欧国家表示反对)、1票弃权(德国)通过了巴黎工作会议议案。

赛制 〉

世界杯赛程分为预选赛阶段和决赛阶段两个阶段，世界杯预选赛阶段分为六大赛区进行，分别是欧洲、南美洲、亚洲、非洲、北美洲和大洋洲赛区，每个赛区需要按照本赛区的实际情况制订预选赛规则，而各个已报名参加世界杯的国际足联（FIFA）会员国（地区）代表队，则需要在所在赛区进行预选赛，争夺进入世界杯决赛阶段的名额。

世界杯决赛阶段的名额目前是32个，主办国可以直接获得决赛阶段名额。除主办国外，其他名额由国际足联根据各个预选赛赛区的足球水平进行分配，不同的预选赛赛区会有不同数量的决赛阶段名额。

世界杯决赛阶段的主办国必须是国际足联（FIFA）会员国（地区），而且会员国（地区）需要向国际足联提出申请（可以两个会员联合申请承办），然后通过全体国际足联（FIFA）会员国（地区）投票选出。

32支球队将会到主办国进行决赛阶段的比赛，争夺冠军。决赛阶段的32支球队通过抽签被分成8个小组，每个小组4支球队，进行分组积分赛，各个小组的前两名共16支球队将获得出线资格，进入复赛；进入复赛后，16支球队按照既定的规则确定赛程，不再抽签，然后进行单场淘汰赛，直至决出冠军。

奖杯的来历

世界杯是 1928 年 FIFA 为获胜者特制的奖品，是由巴黎著名首饰技师弗列尔铸造的。其模特是希腊传说中的胜利女神尼凯，她身着古罗马束腰长袍，双臂伸直，手中捧一只大杯。雕像由纯金铸成，重 1800 克，高 30 厘米，立在大理石底座上。此杯为流动奖品，谁得了冠军，可把金杯保存 4 年，到下一届杯赛前交还给国际足联，以便颁发给新的世界冠军。此外有一个附加规定是：谁三次获得世界冠军，谁将永远得到此杯。

1970 年，第九届世界杯赛时，乌拉圭、意大利、巴西都已获得过两次冠军。因此它们都有永远占有此杯的机会，结果是巴西队捷足先登，占有了此杯。

为此，国际足联还得准备一个新奖杯，以发给下届冠军。1971 年 5 月，国际足联举行新杯审议会，通过对 53 种方案评议后，决定采用意大利人加扎尼亚的设计方案——两个力士双手举起地球的设计方案。这个造型象征着世界第一运动的规模。新的奖杯定名为"人力神杯"。该杯高约 36.8 厘米，重约 6.175 千克，其中约 4.97 千克的主体由纯金铸造。底座由两层孔雀石构成，珍贵无比。1974 年第 10 届世界杯赛，德国队作为冠军第一次领取了新杯。这回，国际足联规定新杯为流动奖品，不论哪个队获得多少冠军，也不能永久占有此杯。在大力神杯的底座下面有能容纳镌刻 17 个冠军队名字的铭牌——可以持续使用到 2038 年。大力神杯是现今足球世界杯的奖杯，是足球界的最高荣誉的象征。

大力神杯无论从构造、价值、珍贵度等方面来看，绝非世界上其他任何奖杯可比。

116

F1

F1，是英文"Formula One World Championship"的简写，中文名称为"一级方程式世界锦标赛"，又称"F1大奖赛"。

"Formula"是"规则与限制"的意思，被译为"方程式"。所有参加的队伍都必须在遵守国际汽联所制订的规格与规则下来制造赛车以及进行比赛。而这套如方程式般精准的规则是国际汽联所制订的方程式赛车规范中等级最高的，用"一级"标记，所以称为F1。

● 运动趣闻

　　随着人们对体育的认识和重视程度的加深，以及各项运动和体育赛事的开展，一个个奥运奇闻，一桩桩体坛轶事，一件件另类比赛，一场场民体风格，一个人名人风采，在我们身边不断出现，使我们在生活中体会到了别样的乐趣，也让更多的人以饱满的热情投入其中。

用拳头钓鱼 ＞

　　美国俄克拉何马州的钓鱼活动有点不可思议，那里是用拳头作钓饵进行垂钓的，钓的是当地头扁身壮、牙利、满身带刺的鲇鱼，大鱼可重达18千克。当鱼儿把拳头咬着后，把手一提，另一只手便把上钩的鱼捉住了。雌鲇鱼通常在河底泥土中挖洞产卵，钓者需跳进河中，把拳头伸进鲇鱼洞内，当它张大嘴巴咬着拳头时，钓者立即用另一只手捏着它的尾巴，把鱼

拎起摔在地上。这种钓鱼法讲究眼疾手快，而且有一定危险，随时可能会被鲇鱼咬伤或刺伤。过去人们钓鱼时多赤手空拳上阵，如今都戴上棉手套作保护了。

唯一可以"合法"服禁药的运动员 〉

定期服用禁药还能参加正式比赛，全世界只有一位运动员可以享受这种待遇，他就是克罗地亚前锋克拉什尼奇。

克拉什尼奇如今已成为传奇人物。他在2007年3月接受第二次换肾手术(2006年的第一次手术失败)后没有退役，而是开始了艰苦的恢复训练。最初他每天只能慢跑10分钟，以后慢慢加大运动量，足足花了9个月时间才具备参加正式比赛的体能。克拉什尼奇付出的代价还不只

这些：他不能喝酒，不能吃汉堡等油腻食物，甚至不能在阳光下逗留超过4小时，否则身体就会过度疲劳。每周他还要接受一次复杂的血液检查，以确保安全。

2008年3月，克拉什尼奇的身体出现了微小的排异反应。如果想继续踢球，他必须服用免疫抑制剂。这是一种国际反兴奋剂组织明文规定的违禁药物。但是，克拉什尼奇对抗病魔、坚持比赛的事迹感动了整个欧洲足坛。

国际反兴奋剂组织经过调查认定，克拉什尼奇的情况属于特例，免疫抑制剂不会增强他的体能，只是维持正常的运动机能，因此他可以服用这种药物后参加比赛。

足球网的由来 〉

19世纪中叶以前,足球门是没有网的,只有两根直立的木柱,以后上面又加入了一根横木。这样的球门,裁判员要判断一次射门是否得分实在太难了。因为运动员的一次劲射,球速可达每小时80千米以上。这样快的球速在门框旁边飞过,恰如"白驹过隙",裁判很难判断球是从球门里进去的还是从球门外飞出的。因而往往使双方的球迷和球员产生意见分歧,引起纷争,甚至多次引起斗殴,造成流血事件。

一次英国利物浦城内某一渔具制造厂的老板鲍尔斯去观看足球赛,就发生了一起这样的纠纷。在满场的哄闹声中,他突然灵机一动:"如果把渔网挂在球门架上,射进去的球不是跑不了了吗?"他急忙跑回厂里,用马车拉来了两张渔网,费了好多口舌才说服裁判员把鱼网挂在双方的球门架上,果然非常管用。从此,利物浦城的所有足球门上都挂上了渔网。之后鲍尔斯渔具厂还获得了制造足球球门网的专利呢。

现代足球使用的球门网，已成为体育专用器材，制做越来越标准，材料也越来越讲究了。原来以棉、麻线为主，由于强度不够，有时会被运动员射来的足球冲破。我国老一辈足球运动员孙锦顺就曾因此被誉为"孙铁腿"。现在的球门网多改用强度更大的尼龙线纺织而成了。

挨重拳聋人复聪 ›

丹尼·伦敦是美国人，他先天聋哑，却从小喜欢拳击运动。开始他只是凑凑热闹，后来真的加入了一个拳击队。由于他天性聪明，所以进步很快，成了队里的主力。一次教练带丹尼·伦敦去比赛，第一回合结束的锣声响了，对手停止了比赛，但丹尼·伦敦听不见，还在向对手猛击。裁判员忙把他拉开，并严厉地警告他。这时丹尼·伦敦的教练忙上来向裁判、对手解释，这样才消除了误会。当观众知道他是个聋哑人时不禁同情起他了，从第二回合起为他鼓掌助威。最后，丹尼·伦敦赢了这场比赛。

另一次丹尼·伦敦与一位强手比赛，头部被对方狠狠击了一拳，他开始只觉得头昏沉沉的，而后突然耳间响起了一阵从未感觉到的"嗡嗡"声，他不明白出了什么事。这一回合结束时，他看到裁判员做出结束手势的同时还清楚地听到了一个响亮的声音。他本能地意识到：莫非自己恢复了听觉？然而他还不会说话，还不懂语言，只觉得身边声响不绝。丹尼·伦敦把自己的感受告诉了教练。教练激动地示意：你能听到声音。后来，丹尼·伦敦又学会了说话，成了一个健全的人。

挨了一重拳竟能使一个聋人恢复听觉，真是天下奇闻。

121

狮子伴跑 ＞

著名的马拉松运动员，曾获罗马和东京奥运会冠军的埃赛俄比亚运动员阿比·杰基拉，他用奇特的训练方式使自己取得了好的比赛成绩。1967年，他驯养了一头不大不小的狮子，和它一起作几千米长跑训练。开始阿比·杰基拉跑不过狮子，只能被狮子甩下后坐等它回来，但后来阿比·杰基拉渐渐地跑得越来越快，最后竟可以与狮子比试一番了。在狮子的巨口前，他没命地跑，练就了一双"飞毛腿"，无人能够超越他。人们欣赏他的速度，更赞赏他的胆量。敢在狮子嘴边生活的运动员，毕竟是凤毛鳞角。

马上篮球赛 ＞

不论是在美国的美国篮球职业联赛，还是世界篮球锦标赛、奥运会篮球比赛场上，各国篮球选手奋勇争先，脚底生风，远投频频命中篮筐。还有不少如泰山压顶式的扣篮，使得成千上万的观众大饱眼福。可是，很少有人知道，阿根廷高卓人的马上篮球比赛也令观看者叫绝。

比赛前，他们分成甲乙两队，每队4～6人均可，个个彪悍健壮，他们每人都骑着一匹鬃毛锃亮的高头大马。这种马上篮球比赛，规则一般与普通篮球比赛打法相似，篮球大都是用牛皮和羊皮特制的，球面上还有4个手把，好像水雷那个样子。球不能拍只能传。每场比赛由两名骑着马的裁判员来判罚。

比赛开始后，队员从地上捡起篮球跃马前进，在特别的球场上拼抢争夺，策马飞奔。配合默契的传接球，使得这种球赛在马蹄嗒嗒、风尘滚滚、观众狂吼怒喊的情况下，热闹非凡。

"创纪录大王" 索科尔 ⟩

美国索科尔被认为是世界上的"创纪录大王"。他曾经创下许多惊人纪录，包括在32小时17分内连续做52002次仰卧起坐；7小时20分钟内做30000次举手跳跃运动；从旧金山骑自行车到洛杉矶用了43小时，全程800千米，途中没有休息。

索科尔是一家跑步健身器公司的宣传代表，他高1.8米，但体重仅70千克。他坚持每日清晨4时起床，连续运动8小时，其中包括仰卧起坐3000～5000次、骑车80～90千米、游泳3000米、在跑步器上运动2小时并练1小时举重。

除了星期天休息外，索科尔的运动日程是风雨无阻的。由于运动量大，他每

天要消耗8000～10000卡热量,因此每天食量巨大。

索科尔如今身强体壮,但他并非天生如此。他幼年时患有哮喘,体弱多病。后来医生建议他游泳锻炼,体质才逐渐变好。从此,他与运动结下了不解之缘。

索科尔在20世纪90年代初参加过夏威夷铁人三项赛。以后,他就开始向体能挑战,目前集20项世界纪录于一身,除上述提到的纪录,他创造的纪录还有:在5小时45分内做踢腿13031次,15分钟内做仰卧起坐1000次等。

不当国王当拳王 〉

20世纪90年代初,美国职业拳坛涌现了一颗耀眼的新星莫贝。他以29胜1平的战绩保持不败,他是轻重量级世界拳王的有力竞争者之一。更令人吃惊的是,莫贝竟然是非洲一个部落王国的合法继承人。

莫贝性格活泼,滑稽幽默,生于加纳东北部塔马利的达古姆巴部落。这是一个由21个民族组成、约3.5万人的王国,国王是莫贝的父亲伊萨。因为莫贝是长子,生下就注定要继承王位,尽管这是一个小王国,但非常有权势,就连总统也要对他敬让三分。谁不愿意成为一国之君呢? 但莫贝却不同。在他很小的时候,就形成了一种不愿意受约束的性格。当他还在一个军事基地上中学时,就偷偷地开始了拳击训练。在他22

124

岁时，就已经参加了200多场业余拳击比赛，5次获得军队拳击赛的冠军。老国王不喜欢儿子打拳，多次劝他，企图说服他继承王位，但始终没有什么效果。为了使自己的拳击技术进一步提高，莫贝在1989年通过一个名叫穆勒的经纪人到了美国，并请教练斯顿训练他，参加了职业拳击赛。后来，他在一场比赛中战胜了美国著名拳击手莫尔而一举成名。

有人问莫贝："难道当国王不是一件很好的事情吗？"他回答说："国王的生活确实很舒服，令人向往。但金钱并不是我生活中唯一追求的东西。我更喜欢一种富有挑战性的生活。"

最刺激的十大极限运动 〉

• "天路"攀岩

在加利福尼亚州的约塞米蒂国家公园，有一堵名叫埃尔·卡皮坦的垂直岩壁，其高度相当于3座埃菲尔铁塔，并因此而得名"天路"。28岁的生物学家克鲁泽曾挑战过这堵岩壁，他说："这不是冒险，而是自我启迪。在这堵高达1000米的岩壁上，世间的一切都具有了不同的意义。"

• 到沙漠湖玩滑翔

带上你的滑翔伞和滑水板，到摩洛哥南部的达赫拉湖去吧，那里微风习习、气温宜人、水清沙白，是滑翔伞滑水的天堂。企业主菲利普·塞里耶说："达赫拉湖被一座狭长的沙质半岛和撒哈拉沙漠包围，白天你可以在湖里和海豚一起戏水，晚上则可以欣赏璀璨的星空。"

· 人造风洞体验飞翔

法国阿让特伊的飞行员训练基地有一个高23米的人造风洞，里面流动着时速高达200至260千米的气流，它们可以将人完全抬离地面。档案管理员瓦莱丽·维达尔说："开始时会有一些紧张，但放松下来后，你就可以充分享受飞翔的乐趣了。我觉得自己像在跳伞，但又不用担心降落伞的问题。"

· "蓝色大回转"

每年9月份，加拿大圣·洛朗湾的马德莱纳群岛都会举行一场名为"蓝色大回转"的海上橡皮艇比赛。教师玛农·弗罗热说："参赛者的主要目的不是竞争和排名，而是领略大自然的迷人风光。"

· 探寻冰下世界

海拔2410米的圣·安德烈湖位于法国上阿尔卑斯省的塞雅克。每年隆冬时节，这里都会迎来不少冰下潜水爱好者。每名潜水者都要提交健康证明，还要由一名辅导员陪同下水。厨师塞德里克·格朗丹说："冰下潜水的感觉好极了，被冰层挡住的气泡非常可爱，就像是晶莹的宝石。"

· 撒哈拉沙漠远足

在撒哈拉沙漠远足的队伍从突尼斯的杜兹出发，每组8至10人，行程数日，每日大约50千米，有当地向导陪同。信息工程师马克·卡斯特曼说："沙漠风光可以让你忘掉尘世的喧嚣。在高大的沙丘上行进，你会发现沙子其实是五彩斑斓的。"

• 狗拉雪橇

到芬兰的霍萨地区公园玩狗拉雪橇是一种别样的享受，这里地形多样、天寒地冻，充满了惊险和刺激。31岁的管理部门主管法布里斯·勒贝尔说："真实情况比我想象的还要美妙。在这里你不仅能领略滑雪的乐趣，还能体验驾乘的快感。"

• 纽约马拉松

纽约马拉松赛每年都会吸引大批来自世界各地的参赛者。比赛队伍早上10点30分从斯塔藤岛出发，途中经过韦拉扎诺海峡大桥、布鲁克林区、曼哈顿和中央公园等地。

• 亚马孙丛林冒险

在体验过亚马孙丛林冒险的激情之后，市场主管弗雷德·埃斯塔西说："亚马孙并不完全是一座'绿色地狱'，只要听从当地向导的安排，你就能安然无恙。学会辨别植物非常重要，有的植物可以在两秒钟之内让你毙命。总的来说，亚马孙丛林是一个让人流连忘返的地方。

• 探秘地下世界

第一次进入地底岩洞时，女银行家西尔维娜·范德雷波感到了一丝恐惧："我下到了多深的地底？180米！深渊就在我的眼前。岩石的坡度比较平缓，但潺潺的地下水还是让我感到担心。在过于湿滑的地方，我只能爬着前行。"

爱运动爱生活，享受生活的点滴，只要你真心喜爱运动，并投入其中，你会发现，运动的世界很精彩。

图书在版编目（CIP）数据

了解运动的真谛 / 魏星编著. -- 北京：现代出版
社，2016.7 （2024.12重印）
ISBN 978-7-5143-5212-2

Ⅰ.①了… Ⅱ.①魏… Ⅲ.①体育运动—普及读物
Ⅳ.①G819-49

中国版本图书馆CIP数据核字（2016）第160860号

了解运动的真谛

作　　者：魏星
责任编辑：王敬一
出版发行：现代出版社
通讯地址：北京市朝阳区安外安华里 504 号
邮政编码：100011
电　　话：010-64267325　64245264（传真）
网　　址：www.1980xd.com
电子邮箱：xiandai@cnpitc.com.cn
印　　刷：唐山富达印务有限公司
开　　本：700mm×1000mm　1/16
印　　张：8
印　　次：2016年7月第1版　2024年12月第4次印刷
书　　号：ISBN 978-7-5143-5212-2
定　　价：57.00 元